Zur Kritik der Hegelschen Rechtsphilosophie

《黑格尔法哲学批判》导读（图文版）

唐爱军 ———— 著

人民东方出版传媒
People's Oriental Publishing & Media
东方出版社
The Oriental Press

图书在版编目（CIP）数据

《黑格尔法哲学批判》导读：图文版 / 唐爱军著 . —北京：东方出版社，2024.1
（马克思主义经典著作导读（图文版））
ISBN 978-7-5207-3410-3

Ⅰ.①黑… Ⅱ.①唐… Ⅲ.①黑格尔（Hegel，Georg Wilhelm Friedrich 1770–1831）—法哲学—研究 Ⅳ.① B516.35 ② D903

中国国家版本馆 CIP 数据核字（2023）第 064839 号

《黑格尔法哲学批判》导读：图文版
（《HEIGEER FAZHEXUE PIPAN》DAODU：TUWENBAN）

作　　者：	中央党校创新工程 "21 世纪马克思主义的重大问题研究" 项目组组织编写 / 李海青总主编 / 唐爱军著
责任编辑：	孔祥丹
责任校对：	蔡晓颖
出　　版：	东方出版社
发　　行：	人民东方出版传媒有限公司
地　　址：	北京市东城区朝阳门内大街 166 号
邮　　编：	100010
印　　刷：	北京市联华印刷厂
版　　次：	2024 年 1 月第 1 版
印　　次：	2024 年 1 月北京第 1 次印刷
开　　本：	710 毫米 ×1000 毫米　1/16
印　　张：	14
字　　数：	190 千字
书　　号：	ISBN 978-7-5207-3410-3
定　　价：	59.80 元

发行电话：（010）85924663　85924644　85924641

版权所有，违者必究
如有印装质量问题，我社负责调换，请拨打电话：（010）85924725

序

马克思主义是整个人类思想的精华，是中国共产党的指导思想。学习马克思主义，就要认认真真地阅读马克思主义经典著作。正如恩格斯在谈到学习《资本论》时强调指出的："对于那些希望真正理解它的人来说，最重要的却正好是原著本身。"中国共产党历来重视马克思主义经典著作的学习，党的历代领导人对此都有明确要求。2011年5月13日，习近平同志在中央党校春季学期第二批入学学员开学典礼上作了重要讲话指出：马克思主义经典著作蕴含和集中体现着马克思主义基本原理，是马克思主义理论的本源和基础。马克思主义经典著作包含着经典作家所汲取的人类探索真理的丰富思想成果，体现着经典作家攀登科学理论高峰的不懈追求和艰辛历程。阅读经典著作，本身就是增长知识、开阔眼界、增加思想深度和训练思维方式的过程，就是培养高瞻远瞩的战略洞察力和脚踏实地的工作作风的过程，会使我们在潜移默化中受到他们崇高风范和人格力量的熏陶，从而实现自己思想境界和道德情操的升华。他还为学员们推荐了马克思、恩格斯、列宁和毛泽东的著作。2018年5月4日，习近平总书记在纪念马克思诞辰200周年大会上的讲话中强调指出：共产党人要把读马克思主义经典、悟马克思主义原理当作一种生活习惯、当作一种精神追求，用经典涵养正气、淬炼思想、升华境界、指导实践。

中央党校（国家行政学院）是我们党学习、研究、宣传马克思主义的重要阵地，具有马克思主义经典著作学习研究的光荣传统和深厚积淀。为了帮助广大党员干部和其他各领域的学习者、研究者更好学习、理解、掌握马克思主义经典著作中蕴含的基本观点、基本原理与基本方法，中央党校（国家行政学院）创新工程"21世纪马克思主义的重大问题研究"项目组精选了马克思、恩格斯、毛泽东的最具代表性的一些经典著作，编写了这套马克思主义经典著作导读丛书。

丛书共八册，包括：李海青著《〈共产党宣言〉导读（图文版）》、王虎学著《〈1844年经济学哲学手稿〉导读（图文版）》、袁辉著《〈资本论〉导读（图文版）》、唐爱军著《〈黑格尔法哲学批判〉导读（图文版）》、孙海洋著《〈路德维希·费尔巴哈和德国古典哲学的终结〉导读（图文版）》、王乐著《〈反杜林论〉导读（图文版）》、崔丽华著《〈实践论〉〈矛盾论〉导读（图文版）》、韩晓青著《〈新民主主义论〉导读（图文版）》。

丛书的突出特色主要有：第一，权威导读。丛书的作者均为中央党校（国家行政学院）一直从事马克思主义理论教学与研究工作者，具有丰富的专业素养与理论水平，创作时坚持原原本本地研读马克思主义经典著作，坚持用科学的态度和发展的观点对待马克思主义，力求充分展示马克思主义经典著作的基本原理、科学内涵。第二，理论联系实际。丛书在解读马克思主义经典著作时，坚持用马克思主义观察时代、解读时代、引领时代，坚持理论联系实际，坚持用马克思经典著作中的基本原理分析和解释重大现实问题，引导党员干部带着问题学、联系实际学，进而提高运用马克思主义分析和解决实际问题的能力，用鲜活丰富的当代中国实践来推动马克思主义中国化时代化。第三，通俗鲜活生动。真正的马克思主义是鲜活的，马克思主义经典著作导读应该是鲜活的。丛书力求用通俗的语言，图文并茂地呈现马克思主义经典著作的鲜活生命力。此外，其配有的大量的知识链接，也为丛书增色不少。

总之，这套丛书思想性、通俗性兼备。相信丛书的出版，能对广大读者走进马克思主义经典作家的思想世界，把握马克思主义的思想精华有所助益。

感谢东方出版社对这套丛书出版给予的大力支持，感谢编辑为之付出的艰辛努力。

总主编　李海青

目录

001
第一章 《黑格尔法哲学批判》写作的主要背景

一、遭遇"物质利益"难题 _ 003

二、"成为费尔巴哈派" _ 009

三、"官方哲学"的核心观点 _ 016
（一）市民社会与国家的区分 _ 017
（二）国家高于市民社会 _ 020

023
第二章 《黑格尔法哲学批判》的基本内容

一、市民社会决定国家 _ 026
（一）市民社会概念的历史演变 _ 026
（二）市民社会决定国家的基本内容 _ 034
（三）马克思主义的市民社会理论 _ 050

二、对黑格尔王权、行政权和立法权的批判 _ 056
（一）对黑格尔王权的批判 _ 056
（二）对黑格尔行政权和官僚政治的批判 _ 064
（三）对黑格尔立法权的批判 _ 076

三、马克思人本主义思想 _ 082
（一）批判黑格尔的观念主体，把人确立为真正的
　　　主体 _ 083
（二）马克思对"人的本质"的认识 _ 085
（三）立足人的本质，批判导致人分化的一切其他力量 _ 089

097
第三章 《黑格尔法哲学批判》的理论延伸

一、《德法年鉴》的两篇文章 _ 099

二、《德法年鉴》两篇文章的核心观点 _ 103
（一）不能把社会政治问题化为宗教问题 _ 103
（二）政治解放的功绩与限度 _ 109
（三）人的解放的途径、主体和条件 _ 116

三、人的解放与马克思的民主思想 _ 121
（一）民主与阶级统治 _ 122
（二）民主与人的解放 _ 128

139
第四章 《黑格尔法哲学批判》与青年马克思政治批判

一、青年马克思政治批判的主题 _ 142
（一）政治批判主题不可遮蔽 _ 143

（二）对自由主义的政治批判_151

二、政治批判的两种理论效应_156
　（一）研究重心的转移_157
　（二）政治立场的转变_165

三、政治批判与青年马克思人本主义思想_172
　（一）政治批判视域下的人本主义思想_173
　（二）政治经济学批判视域下的人本主义思想_181
　（三）政治经济学批判的基本内容_183

189
第五章 《黑格尔法哲学批判》的当代启示

一、市民社会理论的启示_191
　（一）以经济建设为中心_191
　（二）推进市场经济体制改革_194
　（三）加强社会组织建设_198

二、人民主权和民主法治思想的启示_204

结语_211

第一章 《黑格尔法哲学批判》写作的主要背景

物质利益问题动摇了马克思头脑中的黑格尔国家哲学和法哲学观点,比如,发现私人利益对于国家和法律的决定作用、国家的官僚制本质不是理性道德的化身。

一、遭遇"物质利益"难题

马克思写作《黑格尔法哲学批判》(以下正文内简称《批判》)起源于《莱茵报》时期的理论探索和理论困惑。《莱茵报》时期是马克思思想形成、发展与转变的重要阶段。马克思在这一时期直接投身政治斗争,对原来的理性主义哲学信仰日益产生动摇,这诱发其世界观发生根本转变。1842年4月,马克思开始为《莱茵报》撰稿,同年10月至次年3月任主编;特别是马克思担任主编以后,《莱茵报》日益表现出革命民主主义倾向,最终在1843年4月1日被查封。马克思在《莱茵报》工作期间大致可分为两个阶段。第一个阶段的主要理论工作是批判书报检查制度、捍卫出版自由,并与"自由人"的公开决裂。在《评普鲁士最近的书报检查令》等文章中,马克思主要站在黑格尔哲学立场上,强调"精神""真理"自由本质,对伪善、非自由书报检查制度进行了尖锐驳斥,指出思想自由是人类精神的体现,是道德的真正基础,书报检查制度压制思想自由,是对"理性精神"的亵渎。只有实现出版自由才是符合理性本质的真正要求。"自由人"是青年黑格尔派于1841年成立的团体,他们立足抽象空洞的自我意识立场,以自我意识名义到处否定一切,脱离现实和客观事物。尽管马克思当时仍停留在黑格尔唯心主义

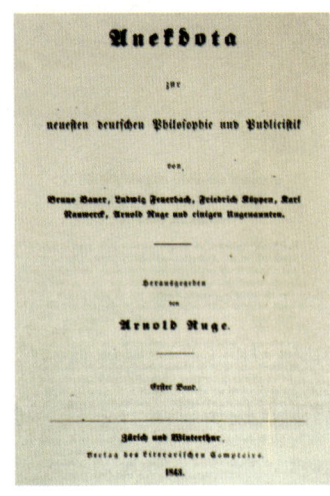

马克思1842年初写的政论文章《评普鲁士最近的书报检查令》，发表在《德国现代哲学和政论界轶文集》。图为该文集扉页↑

立场上，但他坚持思维与存在的同一性，承认思想具有客观性，主张关注现实，与实际相结合。马克思与"自由人"决裂显示出其思想发展的基本趋向。这一基本趋向在《莱茵报》后期逐步体现出来。第二个阶段的最大理论事件就是接触到物质利益问题并对这样的问题感到困惑和苦恼。马克思在以后的《〈政治经济学批判〉序言》中说道："1842—1843年间，我作为《莱茵报》的编辑，第一次遇到要对所谓物质利益发表意见的难事。"[1] 马克思在这里所提的关于物质利益问题的"难事"主要有三件：第一，莱茵省议会关于林木盗窃和地产分析的讨论；第二，普鲁士当局与《莱茵报》之间就摩塞尔农民贫困状况展开的论战；第三，关于自由贸易和保护关税的辩论。这些"难事"导致了马克思的苦恼。我们通过前两个事件来具体加以说明。

关于林木盗窃问题的辩论是马克思第一次遇到了与广大贫苦农民息息相关的物质利益问题。在19世纪40年代，林木盗

---

[1]《马克思恩格斯选集》第2卷，人民出版社1995年版，第31页。

> **知识链接**
>
> **"自由人"**
>
> "自由人",即持自我意识立场的思想家,马克思在青年黑格尔派极左翼阵营时,与他们的思想观点最为接近。但在后续发展过程中,作为"自由人"代表的鲍威尔受到虔诚派、保守派、自由派的尖锐攻击,故对基督教德意志世界满怀愤怒,这些愤怒以文章形式表现出来,被当时作为《莱茵报》主编的马克思视作主观主义的极端形式。

窃问题日益严重起来。当时普鲁士各地审理的20万件左右的刑事案中,其中约有15万件是属于林木盗窃的。造成这一情况的根本原因是资本主义不断发展加剧了农民的贫苦化,农民不断破产或丧失土地,迫使他们不得不到树林里拾捡枯枝,作为生活的来源。这也导致生计无着落的贫苦农民与林木占有者之间的矛盾日益尖锐。普鲁士王国为了维护林木占有者的利益,制定越来越严厉的法律来惩罚这一行为。贵族等级在莱茵省议会辩论中居然要求把拾捡枯枝也算作盗窃林木行为而加以制裁,这一要求居然得到了普鲁士王国政府的赞许。1842年秋,新法律即将颁布的消息传到各地,引起广泛的关注。正是在这一背景下,马克思写出了《关于林木盗窃法的辩论》一文。

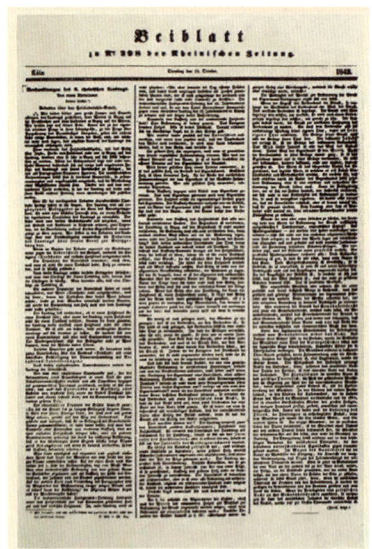

发表在 1842 年 10 月 25 日《莱茵报》附刊上的《关于林木盗窃法的辩论》一文↑

马克思在该文中坚定地站在劳动人民的立场上，为受压迫的贫苦群众的利益辩护，论证了农民行使其习惯权利的正当性，对于把农民的行为视为"盗窃"的林木占有者及其代言人的卑劣行径进行了指责。但马克思在这一次为农民物质利益发表意见的文中，感到的是深深的"为难"，这体现为"理性的法"与"私人利益"的对立。对此，马克思的理论态度是矛盾的。一方面，马克思的世界观仍是黑格尔唯心主义的，把国家看作理性精神，把法律看作自由的实现。借助于国家的理性精神和法的自由本性，马克思批判私人利益，指责现实中的普鲁士王国及其法律只是为林木占有者说话，维护他们的特殊利益。在马克思看来，私人利益和真正的法完全对立。"事物的法的本质"就是理性，法律只有成为该本质的普遍代表时，才是合理性的。相反，私人利益诱使法律离开法的真正本质，在法律的假象后面制造出法的背面，即"不法"。马克思说道，利益离开法，把我们的注意力或者引到外部世界去，或者引到自己的理性中去，从而在法的背后大耍花招。这段话说的无非是，利益追逐的是与理性法脱节的外在物质，狭隘、实际而卑鄙的自私心理是它的"理性"。具体到实际，为利益所驱使和支配的林木占有者及其代言人（"立法者"）都不可能是法的普遍的和真正的代表，他们所宣布的、论证的法律都是不合理的、非人道的，即"不法"。可见，在这里，马克思以法的名义，以理性、自由的名义声讨利益。而普鲁士王国及法律"屈从"于林木占有者的私人利益，它们是"违反各族人民和人类的神圣精神的罪恶"[1]。马克思斥之为"下流的唯物主义"[2]。另一方面，从经验事实出发，马克思得出了与他的理性主义立场完全相反的结论：私人利益具有重要作用，决定了国家和法。马克思认为："法的利益只有当它是利益的法时才能说话，一旦它同这位圣者发生抵触，它就得闭上嘴巴。"[3] 是利益决定法，而不是法决定利益。在实际生活中，利益战胜了法，马克思接着指出，"应该为了保护林木的利益而牺牲法的原则呢，还是应该为了法的原则而牺牲保护林木的利益，——结果利益所得票数超过了法的票数"[4]。国家是理性体现、法律是自由体现、国家应公正无私地对待一切公民等黑格尔主义的观点受到了巨大的冲击；利益占了法的上风与马克思单纯的理性世界观信仰格格不入。

在马克思那个时代，摩塞尔地区的葡萄酒农大量破产，生活异常窘迫。1842 年 12 月中旬，《莱茵报》发表两篇报道，其中一篇报道了该地区乡镇管理中的不合理的现象，这引起了当地政府

---

1 《马克思恩格斯全集》第 1 卷，人民出版社 1995 年版，第 289 页。
2 同上。
3 同上书，第 287 页。
4 同上书，第 288 页。

的不满。莱茵省总督冯·沙培尔指责该报道失实，"是企图煽起不满情绪并削弱当局和臣民之间的联系"，责令报道的作者用具体事实作出答复。马克思站出来为报道该地区情况的记者辩护，1843年1月在《莱茵报》上发表了《摩塞尔记者的辩护》一文。在该文中，虽然马克思的基本立场未变，但旧哲学的信仰危机在加深，不断突破黑格尔的国家观。第一，反思国家是伦理、道德共同体的观点，开始正视国家本身的"缺陷"。当时，普鲁士当局的官僚们根本不承认摩塞尔地区葡萄酒农的贫困同自己有关，他们总是在他们治理范围之外，在自然灾害之中以及与任何人无关的偶然现象中去寻找贫困的原因。马克思指出，如果国家的某一地区经常陷于贫困状况，这就说明政府及其管理原则有问题，同客观实际有矛盾。马克思并不认为摩塞尔地区的贫困状况是由自然灾害、农民个人生活条件造成的，而是由政府以及它的"不合理的"管理原则造成的。马克思进一步把国家的管理原则理解为官僚制度。根据官僚制度的管理原则，任何官员只是服从于上级，执行由上级规定的任务，只对上级负责，不顾群众的死活；在官僚机构和被治理者之间存在敌视关系。第二，认为国家及其管理原则不是由个人意志决定的，而是由客观关系决定的。在研究国家现象时，不应用当事人的意志解释一切，而应看到人的活动背后的"客观关系"或"本质的关系"。当然马克思此刻还没有意识到这样的"客观关系"就是物质的社会关系，但可以肯定的是，他认识到再不能从抽象理性或人的意志出发去看待国家现象，而是要有意识地探求决定国家的客观现实力量。

由上面的分析，我们可以知道，物质利益问题第一次真正进入马克思的理论视野中，向他原初的理性主义世界观发出了激烈的挑战，而这种理性世界观几乎不能直接对物质利益问题作出"逻辑一致性"的判断，在问题的解决方面更是无能为力。因此，苦恼、为难接踵而来。物质利益问题动摇了马克思头脑中的黑格尔国家哲学和法哲学观点，比如，发现私人利益对于国家和法律的决定作用、国家的官僚制本质不是理性道德的化身。马克思意识到，有必要对使他在物质利益问题面前感到苦恼的思想根源——黑格尔唯心主义世界观，特别是他的国家哲学和法哲学的理性主义原则进行全面的清算："为了解决使我苦恼的疑问，我写的第一部著作是对黑格尔法哲学的批判性的分析。"[1]

二、"成为费尔巴哈派"

物质利益问题使马克思意识到黑格尔哲学的缺陷，便着手全面清算黑格尔的国家哲学和法哲学。但批判的思想武器是什么呢？当马克思正在苦恼、彷徨的时候，费尔巴哈发表的《关于哲学改造的临时纲要》（1842）、《未来哲学原理》（1843）以及之前的《基督教的本质》（1841）极大地启发并鼓舞了年轻的马克思和恩格斯。恩格斯在其名著《路德维希·费尔巴哈和德国古典哲学的终结》中曾指出了费尔巴哈的巨大影响，特别是《基督教的本质》的"解放作用"。"它直截了当地使唯物主义重新登上王座，这就一下子消除了这个矛盾。自然界是不依赖任何哲学而存在的；它是我们人类（本身就是自然界的产物）赖以生长的基础；在自然界和人以外不存

---

[1] 《马克思恩格斯选集》第 2 卷，人民出版社 1995 年版，第 32 页。

费尔巴哈画像↑

任何东西,我们的宗教幻想所创造出来的那些最高存在物只是我们自己的本质的虚幻反映。魔法被破除了;'体系'被炸开并被抛在一旁了,矛盾既然仅仅是存在于想象之中,也就解决了。——这部书的解放作用,只有亲身体验过的人才能想象得到。那时大家都很兴奋:我们一时都成为费尔巴哈派了。"[1] 当然,以"成为费尔巴哈派"为标题,并不是说,当时马克思的思想可以完全归结为费尔巴哈性质。不过是说,费尔巴哈的哲学唯物主义和人本主义思想成为马克思当时清算黑格尔哲学特别是法哲学的最为重要的思想资源或理论依据。

费尔巴哈独立的哲学活动是以对宗教和思辨哲学的批判"起家"的。1838 年 12 月,费尔巴哈发表《实证哲学批判》一文,说明哲学与宗教的根本区别,表达了对黑格尔哲学的批判态度,原因是黑格尔把哲学和宗教等同起来。1839 年,费尔巴哈写作《黑格尔哲学批判》一文,阐述了一种以自然界为

---

[1] 《马克思恩格斯选集》第 4 卷,人民出版社 1995 年版,第 222 页。

世界原则的唯物主义立场，公开向黑格尔的唯心主义世界观宣战。黑格尔哲学是关于精神及其运动的理论学说，它从精神出发，把一切外在感性事物理解为精神活动的产物；绝对精神是整个世界的本质。费尔巴哈的观点恰恰相反："哲学是关于真实的、整个的现实界的科学；而现实的总和就是自然（普遍意义的自然）。最深奥的秘密就在最简单的自然物里面，这些自然物，渴望彼岸的幻想的思辨者是踏在脚底下的。只有回到自然，才是幸福的源泉。把自然了解成与道德上的自由相矛盾，是错误的。"[1] 立足于这样的自然观，黑格尔哲学就是根本性的颠倒："他把细看起来极度可疑的东西当作真的，把第二性的东西当作第一性的东西，而对真正第一性的东西不予理会，或者当作从属的东西抛在一边。"[2] 费尔巴哈在《基督教的本质》中，加深了对宗教问题的研究，将宗教批判和思辨哲学批判结合起来，进一步深化了对黑格尔哲学的批判。该书的核心观点是：宗教的本质是人的本质，而神学的秘密就是人本学。费尔巴哈指出，无论是自然宗教中的神灵，还是基督教中的上帝，都是人们根据自己的形象，通过想象、幻想加工而成的。不是神按照他的形象造人，而是人按照他的形象造神。宗教的本质是人的本质，神的概念不过是人的本质力量的对象化和异化。一切属神的内容都应当被还原为属人的内容。显而易见，上帝是宾词，人才是真正的主词。宗教将这一关系颠倒过来，它把上帝变成主体，而把人变为宾词，它直接完成的乃是人的本质的异化。同宗教一样，以黑格尔为

---

[1] [德]路德维希·费尔巴哈：《费尔巴哈哲学著作选集》上卷，荣震华、李金山等译，商务印书馆1984年版，第70页。

[2] [德]路德维希·费尔巴哈：《费尔巴哈哲学著作选集》下卷，荣震华、王太庆、刘磊译，商务印书馆1984年版，第447页。

代表的思辨哲学也是颠倒的世界观。正像神学把人的本质异化出来，抽象为与人相对立的彼岸世界的神灵一样，思辨哲学也是把人与其本质相异化，使人的思维、理性和意识脱离人而存在，并且抽象为绝对精神，进而将它理解为自然界和现实的人的本质。费尔巴哈指出，神学是思辨哲学的本质，黑格尔哲学无非是神学的恢复，是基督教的最后一个理性支柱。正是由于神学与思辨哲学的本质上的一致性，费尔巴哈认为批判思辨哲学的方法与批判宗教的方法没有什么不同，进而将"主宾颠倒"或"主谓颠倒"的宗教批判方法直接运用于思辨哲学的批判中。"我们只要将宾词当作主词，将主体当作客体和原则，就是说，只要将思辨哲学颠倒过来，就能得到毫无掩饰的、纯粹的、显明的真理。"[1]

费尔巴哈批判黑格尔哲学的基本成果是：黑格尔错误理解了主词与宾词、思维与存在的关系。费尔巴哈的"主宾颠倒"方法被马克思继承，运用于黑格尔法哲学的批判之中。但费尔巴哈对马克思的影响不仅如此，他的人本主义思想也为马克思批判黑格尔法哲学提供了理论支撑。我们不能把费尔巴哈思想完全等同于18世纪的传统唯物主义，实际上费尔巴哈在《关于哲学改造的临时纲要》和《未来哲学原理》中阐述了一种全新的哲学原则，建立了他的人本学唯物主义体系。费尔巴哈把"人"提升为人本主义哲学的最高范畴，是新哲学的至高无上的主导原则；它是新哲学的出发点和归宿点。费尔巴哈把"人"理解并规定为思维与存在的统一。黑格尔把绝对精神或上帝规定为思维与存在、主体与客体的统一，实际上统

---

[1] [德]路德维希·费尔巴哈：《费尔巴哈哲学著作选集》上卷，荣震华、李金山等译，商务印书馆1984年版，第115—116页。

一本身仅仅是思维，没能真正触及、包含外在客观世界。根据费尔巴哈的观点，思维与存在的统一，只有以"人"为这种统一的基础和主体时才是可能的。"人"是能够思维的感性存在，他能够将物质与精神、存在与思维、感性与理性等都在他自身中结合起来。由于"人"是思维与存在的统一的真正基础和主体，那么，"人"也是一切对象的本质，比如，宗教、国家以及人类社会都应当从"人"的理解中获得自身的规定，或是人的本质的实现，或是人的本质的异化。

"人"是新哲学的最高范畴，也是世界的真正主体和基础。费尔巴哈把这样的"人"理解为"现实的人"，其具有以下几个特征。

第一，人是感性实体。费尔巴哈用"感性"来对抗黑格尔的"理性"。所谓感性，首先指的是对象在感觉之外、在语言和思维之外的实实在在的存在。感性存在乃是真正的、终极的存在。这种"感性的、个别的存在的实在性，对于我们来说，是一个用我们的鲜血来打图章担保的真理。"[1] 人是感性实体，意味着否认从纯粹思维或自我意识来理解人的存在，意味着人首先是有血有肉的人，有肉体、有爱、有情欲等。

第二，人是具有类意识的存在。在阐述人的本质的过程中，费尔巴哈提出了"类"的概念，马克思后来继承了这一概念并发展为"类本质"。费尔巴哈指出，"类"是人的绝对本质，不同于孤立个体所具有的片面性和有限性，它是绝对的、无限的。"类在无限多和无限多样的个体中实现自己，并且在这种实现里面显示其本质之

----

[1] [德]路德维希·费尔巴哈：《费尔巴哈哲学著作选集》上卷，荣震华、李金山等译，商务印书馆1984年版，第68页。

> **知识链接**
>
> **"类本质"**
>
> "类本质""类生活"都是费尔巴哈使用的术语，它们表示人的概念、真正人的生活的概念。费尔巴哈承认人们之间确实存在着利益的相互敌对和对立关系，但是他认为这种关系不是来自阶级社会的历史的现实条件，而是由于人的真正本质即"类本质"同人相异化，由于人同大自然本身预先决定了的和谐的"类生活"人为地但绝非不可避免地相脱离的结果。

无限性。"[1]那么，怎么才能直观到这种"类本质"呢？费尔巴哈指出，可以在人的对象即上帝身上得到确证。宗教本质是人的本质，上帝是人的本质的对象化，体现了人的固有本质。上帝是最高实体，说明它体现了人的"最高"本质即"类本质"。因此，人应当在上帝这个对象身上，直观到他的全部"类本质"。费尔巴哈指出，它是理性、意志和爱的三位一体。

第三，人是社会的存在。现实的人不是孤立的个体存在，被孤立起来的"我"相对应的是"你"。人的社会存在指的是"我"对

---

[1] [德]路德维希·费尔巴哈：《费尔巴哈哲学著作选集》下卷，荣震华、王太庆、刘磊译，商务印书馆1984年版，第193页。

于"你"的存在，或"你"对于"我"的存在，社会是由诸多的"你"和"我"组成的，现实的人就是生活在这样的共同体中的。并且这样的社会属性构成了人的本质。"人的本质只是包含在团体之中，包含在人与人的统一之中"[1]。当然，我们也要意识到费尔巴哈仍然停留在机械的、抽象的理论水平层面去理解人的社会属性，他并没有把握人的真正的社会和历史属性。后来，马克思在《关于费尔巴哈的提纲》中批评了费尔巴哈的观点，并科学解答了人的社会属性问题。

费尔巴哈的诸多观点在《批判》中都被马克思所运用。比如，运用"主谓颠倒"的方法批评黑格尔的国家观，正确理解市民社会与国家的关系；从现实的人和人的本质出发理解政治国家，采用人本主义异化观批评市民社会与国家的分离，批判君主制国家；用人的本质框架来论证"真正的民主制"等。

但我们不能凭此就认为，《批判》的理论基础完全是费尔巴哈哲学，马克思完全依靠费尔巴哈来批判黑格尔。虽然费尔巴哈哲学是马克思批判黑格尔法哲学的重要思想资源和理论依据，《批判》也流露出费尔巴哈哲学的诸多痕迹，但不可否认，马克思与费尔巴哈之间的基本理论差别也由此显示出来：实际上马克思是在消化吸收费尔巴哈哲学思想，是在一个更高的理论层次上清算黑格尔哲学的。

---

[1] [德]路德维希·费尔巴哈：《费尔巴哈哲学著作选集》上卷，荣震华、李金山等译，商务印书馆1984年版，第135页。

> **知识链接**
>
> **市民社会**
>
> 黑格尔将市民社会看作私人利益的体系,认为个人是市民活动的基础,也重视在生产和交往中发展起来的社会组织的作用,并指出市民社会依附于国家。马克思批判地继承了黑格尔的思想,把市民社会看作市场经济中人与人的物质交往关系和由这种交往关系所构成的社会生活领域。

三、"官方哲学"的核心观点

黑格尔的《法哲学原理》出版于1821年,它的出版以及黑格尔在柏林大学的讲学活动使他成为普鲁士王国的"官方哲学家"。黑格尔的法哲学和国家哲学观点成为为普鲁士王国专制统治辩护的理论依据。《法哲学原理》包含三大部分:抽象法、道德、伦理。其中伦理部分又包括了家庭、市民社会和国家三个环节。恩格斯曾说过:"黑格尔的伦理学或关于伦理的学说就是法哲学,其中包括:(1)抽象的法,(2)道德,(3)伦理,其中又包括家庭、市民社会、国家。在这里,形式是唯心主义的,内容是实在论的。法、经济、政治的全部领域连同道德都包括进去了。"[1] 在马克思和恩格斯看来,《法哲学原理》的核心内容是阐述市民社会与国家的关系。在市民社会与国家的关系问题上,黑格尔有两个基本的观点。

(一) 市民社会与国家的区分

黑格尔的"市民社会"概念直接来源于十七八世纪的英法启蒙思想家。但他们几乎都是在国家意义上使用"市民社会"概念的,并未有意识地将市民社会与国家区分开来。在他们看来,市民社会是与自然状态相对而言的,是自然状态之外的政治共同体。人民通过社会契约建立了公共权威、政治制度、法律系统,从而产生了市民社会,其本质特征或主体要素是政治权力或主权。其实,十七八世纪的启蒙思想家和哲学家的市民社会指的就是国家。黑格尔是系统阐述市民社会理论的第一人,在他那里,市民社会不同于政治国家,两者之间有着严

---

[1] 《马克思恩格斯选集》第 4 卷,人民出版社 1995 年版,第 236 页。

黑格尔画像　文化传播 / 供图

格的区分。

1. 从"伦理"发展阶段出发,看市民社会与国家的区分

在黑格尔法哲学体系中,市民社会和国家都属于"伦理"的两个逻辑环节或发展阶段,我们先在"伦理"框架中对二者进行区分。根据黑格尔的三段论,意志自由的实现要经历三个阶段:法、道德和伦理。"伦理"是对前两者的综合与超越,它包括了客观的抽象法和主观的道德两个环节。"伦理"的发展同样经历三个阶段,并通过三个不同实体,即"家庭""市民社会""国家"来体现不同阶段的伦理精神。首先,家庭是直接的或自然的伦理精神,它是以婚姻为基础的血缘共同体,以人类最原始的情感,即"爱"为基本原则。家庭是因爱的情感将家庭成员联系起来的共同体,在这个共同体中,人们不是用利益原则,而是用"爱的原则"处理成员之间的相互关系。其次,市民社会是伦理精神的否定形式,是伦理的丧失。家庭的伦理解体的地方,正是市民社会开始的地方。在市民社会中,家庭共同体已解体,涣散为多数个体,伦理的自然同一性被扯断,人与人之间的利益交往取代了家庭成员之间的情感交往,利益原则取代了爱的原则、特殊性原则取代了同一性原则。在市民社会里,每个人都是独立的个体,追逐自己的特殊利益,并在私人利益原则支配下,相互满足对方需要而形成利益共同体。最后,国家是伦理精神的最高实现,是伦理整体。"自在自为的国家就是伦理性的整体,是自由的现实化。"[1] 国家不是按照自然关系建立起来的血缘共同体,也不是根据特殊性原则组合成的利益共同体,而是根据普遍性原则建立起来的理性共同体,关注的是普遍利益,实现的

---

[1] [德]黑格尔:《法哲学原理》,范扬、张企泰译,商务印书馆2009年版,第258页。

是彻底的伦理精神。由伦理发展的三段论，我们可以知道，市民社会和国家属于伦理的不同发展阶段，体现的是不同形式的伦理精神，或者说，是伦理精神的不同阶段的显现。市民社会是伦理精神的抽象形式或否定形式，它以特殊性为基本原则，是特殊利益领域。国家是伦理精神的最终形式，它实现了普遍性与特殊性的真正统一，是普遍性的、真正理性的领域。黑格尔提醒我们不能将"普遍性领域"的国家退化理解为"特殊性领域"的市民社会。"如果把国家同市民社会混淆起来，而把它的使命规定为保证和保护所有权和个人自由，那末单个人本身的利益就成为这些人结合的最后目的。"[1]

2. 从人类发展过程看，市民社会与国家的区分、分离是现代世界的必然产物

市民社会与国家的相互分离是现代社会的基本特征，也是现代社会危机的根本。在黑格尔那里，市民社会并不是存在于一切历史时期的，而只存在于市场经济发展的现代社会之中。"市民社会是在现代世界中形成的，现代世界第一次使理念的一切规定各得其所。"[2] 在传统社会中，市民社会与国家是合二为一的，或者说，市民社会还没有从国家那里独立出来。传统社会中的人们根据家庭、血缘纽带形成自然共同体，依靠宗教信仰实现社会整合。在这样的社会里，人们并没有摆脱自然纽带束缚而作为独立的个人存在，人们也无法根据私人利益需要组成社会共同体；在家庭和氏族伦理的强大力量支配下，特殊性原则也无法获得道德上的承认。可见，在

---

[1] [德]黑格尔：《法哲学原理》，范扬、张企泰译，商务印书馆2009年版，第253—254页。
[2] 同上书，第197页。

这样传统模式的社会形态里，不可能出现市民社会与国家相分离的现象，不可能有独立的市民社会存在。只有到了现代，随着商品经济的发展，人们才不断摆脱传统的自然纽带和血缘纽带的束缚而成为具有独立人格、个人需要的个体，通过"相互需要"建立起个人之间的普遍交往关系，形成利益共同体，进而出现了"特殊利益的场所"，即市民社会。市民社会从传统国家中分离出来，成为一种独立的力量，与政治国家相对峙。黑格尔的市民社会与国家分离的观点得到了马克思的肯定。马克思在《批判》中指出："黑格尔觉得市民社会和政治社会的分离是一种矛盾，这是他的著作中比较深刻的地方。"[1]这里的"政治社会"就是国家。市民社会与政治社会的分离指的就是市民社会与国家的分离。

由上可见，从伦理和现代世界事实两个角度看，市民社会都与国家相分离，市民社会是一种与国家相分离的不同领域和独立力量。黑格尔具体规定了市民社会包含三个环节：第一，需要体系。通过个人劳动以及通过他人的劳动和他人需要的满足，来使自己的需要得到满足。第二，司法。依靠法律来维持市民个人需要的满足，人身和财产的保障。第三，警察和同业公会。维护特殊利益、公共福利，维持社会秩序。

（二）国家高于市民社会

黑格尔法哲学的另一个核心观点就是国家高于市民社会。与英法自由主义思想家不同，黑格尔开辟了国家主义的法哲学研究路

---

[1]《马克思恩格斯全集》第 3 卷，人民出版社 2002 年版，第 94 页。

径；国家至上的观点也成为黑格尔保守主义立场的集中体现。我们可以从三个方面来论述黑格尔的"国家高于市民社会"的观点。

1. 黑格尔反复强调国家在伦理上的至高无上性

根据伦理发展的三个阶段，国家是对家庭和市民社会两个环节的扬弃，国家高于家庭和市民社会这两个环节，这两个环节也是以国家为自身的发展目的。黑格尔在《法哲学原理》中强调国家在伦理上的至高无上性比比皆是："国家是伦理理念的现实——是作为显示出来的、自知的实体性意志的伦理精神，这种伦理精神思考自身和知道自身，并完成一切它所知道的，而且只是完成它所知道的。"[1] "国家是绝对自在自为的理性东西，因为它是实体性意志的现实，它在被提升到普遍性的特殊自我意识中具有这种现实性。这个实体性的统一是绝对的不受推动的自身目的，在这个自身目的中自由达到它的最高权利，正如这个最终目的对单个人具有最高权利一样，成为国家成员是单个人的最高义务。"[2] "国家是在地上的精神。"[3] 正是由于国家的最高伦理现实性，决定了市民社会的个人要以成为国家成员为最高义务和最高目的；个人的私人需要以及满足需要的活动方式都要以国家精神为出发点和结果。也正是由于国家高于市民社会，使市民社会的个人只有成为国家成员，才是真正的、合乎理性的人。"由于国家是客观精神，所以个人本身只有成为国家成员才具有客观性、真理性和伦理性。"[4]

---

[1] [德]黑格尔：《法哲学原理》，范扬、张企泰译，商务印书馆 2009 年版，第 252 页。
[2] 同上。
[3] 同上书，第 258 页。
[4] 同上书，第 254 页。

2. 国家高于市民社会决定了市民社会被国家所克服，即市民社会过渡到国家

黑格尔肯定了市民社会否定家庭伦理的必然性，但它并不具有最终的合理性。市民社会只是伦理发展中的一个抽象的、中介的环节，它需要被扬弃到更高阶段，这便是国家。市民社会是特殊利益争夺的场所，个人欲望和意志无限扩张不加以限制和引导，就必然导致社会秩序的混乱、人的精神的异化和道德伦理的丧失。一方面，不同利益主体只追逐自身利益，最终将导致相互之间的竞争、对立乃至冲突，使市民社会成为"一切人反对一切人的战场"，社会秩序必然会混乱。另一方面，市民社会中的人们只是利益联合体，人与人之间的关系是相互满足需要、实现自身利益的工具关系，他人只是"我"的工具或手段，一切人的本质、精神都会被异化、物化。能够克服市民社会、使市民社会摆脱外在必然性限制的就是国家。国家实现的是真正的普遍性原则和理性原则，它扬弃了市民社会的利己性，人们的社会关系是根据理性原则和道德精神来建立的，"人是被规定着过普遍生活的"。当然，国家对市民社会的克服，不代表它不承认个人的特殊利益和私人需要，而是将之整合到更高层次上，实现普遍性和特殊性的统一。"国家的力量在于它的普遍的最终目的和个人的特殊利益的统一。"[1]

---

[1] [德]黑格尔:《法哲学原理》，范扬、张企泰译，商务印书馆2009年版，第261页。

第二章 《黑格尔法哲学批判》的基本内容

观念变成了主体,而家庭和市民社会对国家的现实的关系被理解为观念的内在想像活动。家庭和市民社会都是国家的前提,它们才是真正活动着的;而在思辨的思维中这一切却是颠倒的。

《批判》是一部未完成的手稿，写于1843年。《批判》是马克思早期的一部重要著作，也是马克思批判黑格尔哲学的第一部著作，它在马克思主义形成的历史中具有重要的意义。1843年夏天，马克思于莱茵省的克罗茨纳赫开始写作，故又被称为《克罗茨纳赫手稿》。原稿共39张，没有标题，现在的标题是1927年苏联共产党中央马克思列宁主义研究院发表这一手稿时加的。中译本收入人民出版社1956年出版的《马克思恩格斯全集》第1卷，以及2002年出版的《马克思恩格斯全集》第3卷。这部著作是对黑格尔《法哲学原理》第261—313节阐述国家问题的部分所作的分析和批判。马克思在任《莱茵报》主编期间通过参加现实斗争，动摇了对黑格尔哲学的信仰。退出《莱茵报》后，马克思系统地研究了欧美一些国家的历史，尤其是法国大革命的历史，并阅读了费尔巴哈的《关于哲学改造的临时纲要》等著作，得到很大启发，于是开始了对黑格尔哲学特别是法哲学的批判。《批判》表明马克思逐步脱离了黑格尔主义基地，开始了新世界观和新哲学的探索，是马克思走向并不断创立唯物史观的"起点"，也是马克思从唯心主义转向唯物主义，从革命民主主义转向共产主义的"起点"。因此，我们应当在马克思思想发展进程中、在创立唯物史观的历史中看待《批判》，实事求是地评价《批判》的理论内容和思想意义。在评价《批判》的问题上，我们要坚决反对两种错误的观点：第一种观点是完全忽视《批判》中的理论创新和新世界观的因素，将《批判》看作"不成熟的"著作而加以拒斥。第二种观点是完全不顾《批判》中的旧哲学的痕迹，否认《批判》的理论探索的性质，将《批判》拔高为完全成熟、完备的理论著作，用马克思后来发展形成的唯物史观来诠释《批判》。我们要避免这两种错误的倾向，用一种辩证的、发展的眼光对待《批判》，客观地评价《批判》的思想价值和理论意义。

一、市民社会决定国家

市民社会和国家的关系是《批判》的中心问题。马克思通过批判黑格尔法哲学，得出了"不是国家决定市民社会，而是市民社会决定国家"的基本理论观点，为创立唯物史观打开了一个"出口"。

（一）市民社会概念的历史演变

我们首先来看看市民社会概念的历史演变。"市民社会"（civil society）术语可以一直追溯到古希腊哲学家亚里士多德，在他那里，"市民社会"一词指的是"城邦"。亚里士多德所处的那个时代，已经出现了城市。城市的出现是古希腊从落后走向文明、从部落制度走向国家的标志，也是它们区别于古希腊之外的其他民族的标志。古希腊罗马学者往往用"市民社会"概念描述城市或城邦的生活状况。亚里士多德在其《政治学》一书中首先提出了"politike koinonia"，也就是英文中的"political society"，也就是"政治社会"的含义。在亚里士多德那里，"政治社会"与"市民社会"是等同的。市民社会或政治社会指的就是政治共同体或城邦国家。它指的是，自由和平等的公民在一个合法界定的法律体系之下结成的伦理－政治共同体。可以看出，城邦指的是由公民组成的群体性组织或共同体。但在亚里士多德那个时代，不是每个人都可以成为公民。一个人要成为公民，不是自己说了算，而是由他拥有的权利来决定的，最重要的就是要有参与城邦管理权利。在亚里士多德的理论中，拥有参与城邦管理权利的公民只限于具有同等地位的少数人，奴隶、妇女、外邦人是被排除在外的。但只要是城邦中的公民就都享有参加政治共同体各种活动的基本权利，享有自由和平等权利。此外，亚里士多德对市民社会的理解还包括了"文明社会"或"道德社会"的含义。按照亚里士多德的观点，城邦的形成要晚于家庭和村落这两种共同体，但它在道德上是最高的共同体。并且，只有在这种共同体中人们才有可能过上最美好的生活。可见，亚里士多德把市民社会看作善的领域，是道德、正义和美好生活的领域。亚里士多德在《政治学》中对城邦与家庭作了区分，实际上对公共领域与私人领域作了界分。也就是说，城邦对应公共领域，家庭对应私人领域。这样看来，市民社会在亚里士多德的理论中又有公共领域的含义。综上所述，市民社会在亚里士多德的理论中主要有三层含义：一是指政治共同体，是"政治社会"；二是指道德共同体，是"文明社会"；三是指与家庭相对的"公共领域"。

在亚里士多德市民社会理论基础上，古罗马的政治理论家西塞罗进一步加深了对市民社会概念的理解。据考察，公元前1世纪，西塞罗将亚里士多德《政治学》中的"politike koinonia"一词转译为拉丁文"societas civilis"。根据安东尼·布莱克在《布莱克维尔政治学百科全书》中的解释，在西塞罗那里，"societas civilis"不

西塞罗，古罗马著名演说家和政治家。图为描绘西塞罗在元老院叫住古罗马将军卡提利那情形的壁画 文化传播／供图

仅指单个国家，而且也指业已发达到出现城市的文明政治共同体的生活状况。这些共同体有自己的法典（民法），有一定程度的礼仪和都市特性、市民合作以及依据民法生活并受其调整以及"城市生活""商业艺术"的优雅情致。由此，我们可以看出，西塞罗的市民社会概念有三个主要的意思：一是国家；二是拥有自己法律的政治共同体，生活在其中的人们依照法律生活和交往；三是有着自己的都市文化和商业文化的文明社会。西塞罗还对市民社会存在的规范基础和原则作了创新性解释。作为一种共同体，共和国或市民社会是不同公民的群体性组织。但在当的时罗马共和国，各公民之间，特别是贵族与平民之间，因利益不同、观念差异，极

易发生冲突，这导致罗马共和国发生危机，甚至趋于分裂。为了弥合不同人之间的裂痕，拯救危机中的罗马共和国，西塞罗在前人思想基础上提出了"正义"和"理性"的规范，它们是市民社会或共同体良好运行的规范法则和基础。

十七八世纪时，市民社会概念再次受到洛克、卢梭、康德等契约论思想家的重视。在这些契约论思想家的理论中，市民社会和政治社会乃是同义词，与此相对应的则是自然状态或自然社会。他们所说的自然状态实际上是一种无政府状态，自然社会实际上是一种前国家社会，他们认为人类最初曾处于这种状态或社会之中。虽然他们对自然状态的描述和评价大不相同，但一致认为自然状态或自然社会有着自身不可克服的种种弊端，比如，自相残杀、恶性竞争，缺乏和平、安全、人身保障等，所以它一定要过渡到市民社会或政治社会，这种过渡的方法就是"订契约"：处于自然状态中的人们用订立社会契约的方式自愿让渡自己的部分或全部权利给国家，以换得这一普遍共同体的保护。总之，在十七八世纪启蒙思想家和契约论者的理论中，对市民社会概念理解与使用大致有三个特征。首先，赋予市民社会概念以强烈的道德判断意味。他们基本在文明社会—前文明社会的两分法框架中理解市民社会。市民社会对应的是前文明社会。处于前文明社会状态之中的人们，过着"自然状态"的生活，而无法过上快乐而有道德的生活。只有当人们自愿组成政治共同体时才能过上有理性、有道德、有快乐的美好生活。政治共同体的出现表明人类理性的发展进入了一个新阶段，是人类进入文明社会的首要标志。其次，在政治社会的意义上使用市民社会的概念。他们虽然也承认在市民社会中存在着家庭、私有财产、工商业生活等要素，但认为这不构成市民社会的主要特征，因为这些要素在野蛮社会或自然社会中也同样存在。市民社会的主要特征在于它拥有政府和法律这样一些政治文明因素。最后，他们所讲的政治社会乃是一种公民社会。他们大都反对君主专制国家政体，提倡共和政体。他们实际上是在共和政体基础上理解市民社会或政治社会的。或者说，政治社会是建立在共和政体基础上的。在共和政体中，政府的权威来自人民的授权、民众的同意，政府的目的是保障人民安全，维护人民利益，确保人民过上幸福的生活。在以共和政体为基础的社会中，个人是以公民角色参与政治共同体，每个人都必须有公民意识，有参与管理政治共同体的能力。公民角色不同于个人的其他角色，比如，在家庭中扮演的角色；公民角色在道德上高于其他角色，并且个人只有作为公民，只有参加政治共同体的生活才有意义。

从亚里士多德到近代的启蒙思想家和契约论学者基本都是在"政治社会"或国家层面上来理解市民社会的，我们可以称之为"古典市民社会概念"。只有到了黑格尔，才出现了"现代市民社会概念"。黑格尔在英国经济学理论的基础上，提出了新的市民社会概念，其最重要的特征就是将市民社会与国家区分开来，突出市民社会的经济内容。黑格尔在《法哲学原理》中给市民社会概念作了非常具体而详尽的论述。具体有以下几点。

第一，具体的人、特殊的个人是市民社会及其活动的基本要素和基本原则。"具体的人作为特殊的人本身就是目的；作为各种需要的整体以及自然必然性与任性的混合体来说，他是市民社会的一个原则。"[1]黑格尔认为，市民社会是由各个独立的个体所组成的，

---

[1] [德]黑格尔:《法哲学原理》，范扬、张企泰译，商务印书馆2009年版，第197页。

是单个人的独立联合。市民社会作为这样的联合，其目的就在于保护所有权和个人自由。因此，具体的人、特殊的个人的利益和需要、权利和自由就是市民社会的最终目的。

第二，自治性团体如同业公会是市民社会及其活动的另一个要素，它是将个人利益和国家利益、私人利益和普遍利益结合起来的中介，它有助于克服私人利己主义，培育公共道德和普遍精神。"特殊的人在本质上是同另一些这种特殊性相关的，所以每一个特殊的人都是通过他人的中介，同时也无条件地通过普遍性的形式的中介，而肯定自己并得到满足。这一普遍性形式是市民社会的另一个原则。"[1]市民社会的每个成员都是按照自己的私人利益和需要行事，相互之间必然产生竞争乃至冲突，这就需要一个协调这种关系的中介。自治性团体就是协调各种私人利益的普遍性中介，它代表着共同的特殊利益。如果说国家是代表普遍利益，市民社会的个人代表着纯粹的特殊利益，那么自治性团体就是它们的中介，它力求克服各成员的利己性，而趋向普遍利益。并且，在道德上，它克服利己主义，培养人们为公共利益和普遍利益奉献的公共道德。

第三，"需要的体系"是市民社会及其活动的主要内容。"通过个人的劳动以及通过其他一切人的劳动与需要的满足，使需要得到中介，个人得到满足——即需要的体系。"[2] "需要的体系"包括两个方面：一是需要的类型，二是满足需要的方式。黑格尔将多样化的个人需要分为三类：直接的或自然的需要、观念的精神需要和社会需要。满足前两种需要的手段是生产劳动和理论教育。劳动的分工

----

[1] [德]黑格尔：《法哲学原理》，范扬、张企泰译，商务印书馆2009年版，第197页。
[2] 同上书，第203页。

等因素导致了在生产和交换过程中形成了不同等级，个人由于财富、技能、教育等方面的不同而分属于不同的等级。具有相同社会地位的人们组成了同一等级。在黑格尔看来，等级作为一种社会共同体把人们联系起来，个人在等级中才具有其权利、功绩和尊严，从而满足其社会需要。

第四，市民社会的伦理精神处于特殊性阶段，需要由警察使用强制性力量从外部建立其秩序，即"外部国家"。"利己的目的，就在它的受普遍性制约的实现中建立起在一切方面相互倚赖的制度。个人的生活和福利以及他的权利的定在，都同众人的生活、福利和权利交织在一起，它们只能建立在这种制度的基础上，同时也只有在这种联系中才是现实的和可靠的。这种制度首先可以看成外部的国家，即需要和理智的国家。"[1]在市民社会中，个人的需要和利益，即特殊性获得了全面的发展和伸张，但如果个人的需要和利益没有节制、没有制约，任其发展的话，必然导致社会恶性竞争、社会秩序混乱以及道德沦丧，人性异化，从而使市民社会处于瘫痪状态，因此，外部力量的干涉就成为必要的了。市民社会需要通过警察制止各种损害他人利益的行为、惩罚扰乱社会秩序的犯罪行为，需要通过法院和司法机关来维护人们的所有权和人身安全，需要通过公共组织来监督和管理市民社会中具有社会性的普遍事务，建设市民社会的公共设施等，从而更好地维护人们的利益和权利。

第五，国家是伦理精神发展的最高阶段，市民社会的存在和利益必须服从于国家，并且要逐步过渡到国家。市民社会以个人利益为基本原则，国家以普遍利益为基本原则。国家在伦理道德上高于

---

[1] [德] 黑格尔:《法哲学原理》，范扬、张企泰译，商务印书馆 2009 年版，第 198 页。

市民社会，市民社会要时刻以服从国家的普遍利益为最高目标和努力方向。市民社会最终是要过渡到国家的。国家并不是排斥市民社会的特殊利益或个人利益，而是在更高层次上包含了特殊利益或个人利益，在国家里，实现了特殊利益与普遍利益、个人利益与国家利益的统一。可见，市民社会在黑格尔那里，最终是要被扬弃的，是要过渡到国家的。国家是市民社会的最终目的和归宿。

我们可以看出，黑格尔的市民社会概念与古典市民社会概念有着很大的不同，具体表现在以下三个方面。

第一，政治角度与经济角度的不同。黑格尔之前的思想家基本是从政治角度来分析市民社会的，把市民社会看作"政治共同体"或国家。黑格尔并不是从政治角度来看待市民社会的，他首先是将国家与市民社会严格区分开来，把市民社会看作与国家完全不同的独立的力量。并且，黑格尔突出了市民社会的经济内涵，把市民社会看作一种经济活动领域，一种"经济共同体"。这一点后来被马克思直接继承，并在唯物史观框架中得到进一步突破和丰富。

第二，道德评价的不同。黑格尔之前的思想家或多或少、或有意或无意地将市民社会与自然状态、文明社会与前文明社会对立起来。市民社会被看作与前文明社会相对立的文明社会。市民社会的出现是人类文明的标志。人们只有生活在市民社会中才能过上幸福、美好的生活。黑格尔对市民社会的道德判断完全不同。他不是将市民社会等同于完美的文明社会或道德共同体，而是看作特殊利益的领域，是伦理精神的发展阶段。市民社会从直接的伦理精神发展而来，它使个人自由和个体利益得到了张扬和发展，但在道德上，它并不是完美的，甚至说是有缺陷的。市民社会在道德上会导致利己主义和个人主义，产生"利己心"，这与国家的普遍精神和理性原则是相违背的，所以它在道德上是低于国家的，并且时刻要以国家为最高目的，要过渡到国家这一阶段。

第三，市民社会成员的角色不同。这与我们说的第一方面相似。黑格尔之前的思想家一般将市民社会成员作为"政治人"或公民来看待。比如，亚里士多德所说的"人是政治动物"。市民社会在他们那里是政治共同体，它的基本单位就是独立的公民。生活在政治共同体中的人们首要的角色是"政治人"，他们最重要的利益诉求是政治权利和政治自由。人与人之间的交往基本上是一种政治性交往，人们之间的关系是一种政治关系。黑格尔从经济角度看待市民社会，同样他也从经济角度来规定市民社会的成员。黑格尔继承了英国古典经济学家的理论，把市民社会成员看作"私人"，即"经济人"。"人是经济动物"。市民社会在黑格尔的理论中是经济共同体，基本单位是独立的利益主体。生活在经济共同体中的人们首要的角色是"经济人"，他们最重要的利益诉求是经济利益、物质需要和经济自由。人与人之间的交往基本上是一种经济交往，人们之间的关系是一种经济利益关系，不同的个人根据自己的利益需要结成利益共同体，在这个利益共同体中，每个人通过满足他人的需要，从而满足自己的需要、获得自己的利益。

（二）市民社会决定国家的基本内容

马克思在《批判》中并没有对"市民社会"概念作出明确的定义，他更多的是依据黑格尔的说法来理解市民社会的。马克思指出，黑格尔关于市民社会的规定有三点是值得注意的。其一，市民社会的定义是一切人反对一切人的战争。其二，在私人的利己主义中显示出"市民爱国心的秘密"。其三，一方面，"市民"，即具有同普遍东西对立的特殊利益的人，市民社会的成员，被看作"固定不变的个人"；另一方面，国家也同"市民"这种"固定不变的个人"相对立。从这三点来看，我们可以得出这样的观点：市民社会主要是各利益主体追求自身利益，并与他人利益相竞争、相冲突的活动领域。市民社会的根本"精神特质"是私人的利己主义，它以特殊利益和私人需要为基本原则。马克思基本上也是在这层意义上使用"市民社会"的，所以我们还不能将《批判》中的"市民社会"概念等同于马克思后期著作中的"市民社会"概念。此刻，马克思主要是在法哲学框架中理解市民社会概念的，后期的著作是在生产方式理论中理解市民社会的，把市民社会理解为物质生产的社会关系。但是，我们也不能片面地认为，马克思在《批判》中完全照搬了黑格尔的市民社会概念和基本内涵，实际上，马克思并没有完全停留在黑格尔的层次上，比如，他在

马克思《黑格尔法哲学批判》手稿的一页↑

手稿的后部分就逐步意识到从长子继承制和地产等私有财产的角度来界定市民社会概念和基本内容,超越了黑格尔的"需要体系"的理解水平。在对"国家"的理解上,马克思也主要继承了黑格尔的观点,但也有所突破,比如,从现实的人、私有财产、等级要素等方面来理解政治国家和国家制度。

马克思批判了黑格尔法哲学以及思辨唯心主义,得出了"市民社会决定国家"的观点。

1. 批评黑格尔在市民社会与国家关系问题上的目的论倾向

黑格尔认为:"对家庭和市民社会这两个领域来说,国家一方面是外在必然性和它们的最高权力,它们的法规和利益都从属于这种权力的本性,并依存于这种权力;但是,另一方面,国家又是它们的内在目的。"[1] 可以看出,黑格尔将国家看作家庭和市民社会的"外在必然性"和"内在目的"。马克思指出,这两者是"二律背反"的:"外在必然性"表明国家和市民社会在本质上是对立的,市民社会以特殊东西而非普遍东西为自身本质,即以特殊利益和私人需求为本质,它根本上不是以国家为"内在目的"。所以说,国家是市民社会的内在目的,因此,国家高于市民社会的观点是不能成立的。其实,黑格尔头脑中装的是一种目的论的思维方式,一种泛神论的神秘主义,因为在黑格尔这里:"观念变成了主体,而家庭和市民社会对国家的现实的关系被理解为观念的内在想像活动。家庭和市民社会都是国家的前提,它们才是真正活动着的;而在思辨的思维中这一切却是颠倒的。"[2]

---

[1] [德]黑格尔:《法哲学原理》,范扬、张企泰译,商务印书馆 2009 年版,第 261 页。
[2] 《马克思恩格斯全集》第 3 卷,人民出版社 2002 年版,第 10 页。

> **知识链接**
>
> ## 二律背反
>
> "二律背反"是 18 世纪德国古典哲学家伊曼努尔·康德（1724—1804 年）提出的哲学基本概念，一般指规律中的矛盾，在相互联系的两种力量的运动规律之间存在的相互排斥现象。自然界存在的两种运动力量之间呈此消彼长、此长彼消、相背相反的作用。

2. 以思辨的思维为"出发点"批判黑格尔

黑格尔从抽象思维出发，根据国家观念来理解家庭和市民社会，把它们理解成国家观念以它自己的材料所进行的"分配"。显而易见，黑格尔在考察市民社会与国家关系问题上，不是从经验事实而是从抽象观念出发，作为"主体"的国家先于市民社会，成为后者得以产生的始因。"作为出发点的事实没有被理解为事实本身，而是被理解为神秘的结果。现实性成了现象，但观念除了是这种现象以外，没有任何其他的内容。观念除了'形成自为的无限的现实的精神'这一逻辑的目的以外，也没有任何其他的目的。这一节集法哲学和黑格尔整个哲学的神秘主义之大成。"[1] 马克思则是从经验

---

[1] 《马克思恩格斯全集》第 3 卷，人民出版社 2002 年版，第 12 页。

事实出发：由于各种原因和需要，个体通过各种方式组成家庭乃至市民社会，家庭和市民社会又在历史进程中形成国家。"国家是从作为家庭的成员和市民社会的成员而存在的这种群体中产生的。"[1]家庭和市民社会不是从国家观念中派生出来的，从历史经验中可以得出，家庭成员和市民社会成员以独特的社会组织方式而形成国家，国家是现实的人的政治存在方式。所以，无论从逻辑上还是时间上看，市民社会是国家产生的前提条件，是先于国家而出现的，"'市民社会和家庭'在其真实的即在其独立的和充分的发展中是作为特殊的'领域'而成为国家的前提"[2]。国家不是先存在的，而是依赖于家庭和市民社会的充分发展而出现的，家庭和市民社会作为特殊领域而存在，是国家这一普遍领域存在的前提条件。

3. 市民社会为国家的产生奠定了"人为基础"

黑格尔完全根据"伦理"发展三段论来说明国家的产生与形成。马克思指出，国家的产生不是观念的自我规定，它也不是无限的精神，而是"有限"的。国家的有限性在于它不是与家庭和市民社会无涉的"彼岸之物"，而是在两者的基础上被建构起来的，家庭是自然基础，市民社会是人为基础。马克思指出，"政治国家没有家庭的自然基础和市民社会的人为基础就不可能存在。它们对国家来说是必要条件"[3]。

4. 批判市民社会是观念产物的观点，指出了市民社会是国家形成与发展的动力

黑格尔主张，家庭和市民社会是由观念产生的，"把它们结合

---

[1] 《马克思恩格斯全集》第 3 卷，人民出版社 2002 年版，第 12 页。
[2] 同上书，第 8 页。
[3] 同上书，第 12 页。

成国家的不是它们自己的生存过程,而是观念的生存过程,是观念使它们从它自身中分离出来。就是说,它们才是这种观念的有限性"[1]。恰恰相反,马克思不是从国家的观念中去理解家庭和市民社会的发展动力,而是从家庭和市民社会的现实发展过程中去理解国家的存在和发展,家庭和市民社会是国家形成与发展的动力。"家庭和市民社会使自身成为国家。它们是动力。"[2]

5. 批判黑格尔在市民社会与国家关系上的"主谓颠倒"

黑格尔是在"主谓颠倒"框架中理解市民社会与国家的关系的。本来意义的主体是家庭、市民社会,国家和政治制度是客体;但黑格尔把它们"头足倒置"了,国家理念变成独立的主体,而本来的主体,即家庭和市民社会却成了国家理念的客观要素。马克思不仅揭示出黑格尔在市民社会与国家问题上的"头足倒置",而且进一步追溯到其哲学根基——思辨唯心主义和泛逻辑神秘主义。因此,马克思指出黑格尔法哲学的核心是他的逻辑学。"整个法哲学只不过是逻辑学的补充。""真正注意的中心不是法哲学,而是逻辑学。"[3]黑格尔逻辑学的错误就在于思维与存在、主词与宾词、主体与谓语之间的颠倒。"黑格尔在任何地方都把观念当作主体,而把本来意义上的现实的主体……变成谓语。而发展却总是在谓语方面完成的。"[4]马克思继承了费尔巴哈批判思辨哲学所采用的"颠倒方法"。思辨哲学歪曲了主词(人、存在)与宾词(神、思维)的真正关系,把主词当成了宾词,而把宾词当成了主词;批判思辨哲学

---

[1] 《马克思恩格斯全集》第 3 卷,人民出版社 2002 年版,第 11 页。
[2] 同上。
[3] 同上书,第 23、22 页。
[4] 同上书,第 14 页。

就表现为把它颠倒的东西再颠倒过来。可以看出，马克思站在哲学唯物主义立场上，揭露黑格尔逻辑学的唯心主义实质；思辨唯心主义和神秘主义是黑格尔法哲学的哲学根基。批判黑格尔的"国家决定市民社会"的观点就必须深入黑格尔唯心主义世界观。只有站在唯物主义立场上才能正确地说明市民社会与国家的关系，才能得出正确的结论：市民社会决定国家。

马克思在《批判》中，不仅得出了"市民社会决定国家"的理论成果，而且在这一基本原则的指导下，从诸多方面拓展他的市民社会理论。

1. 从客观历史发展角度，研究现代世界中市民社会与国家的分离

黑格尔虽然深刻地把握到市民社会与国家的分离，但他的错误也是明显的。一是在唯心主义框架中理解两者的分离："黑格尔以市民社会和政治国家的分离（现代的状况）为前提，并把这种状况阐释为观念的必然环节、理性的绝对真理。"[1]市民社会与国家的现代分离只是观念发展过程中的一个阶段，是一个必然环节。二是通过国家来解决市民社会与国家的分离："他的愿望是市民生活和政治生活不分离。""黑格尔知道市民社会和政治国家的分离，但他打算使国家的统一能表现在国家内部。"[2]黑格尔试图借助于国家来消除市民社会与国家之间的分离，将两者统一于国家理念当中，实际上是一种虚假的统一，其实践政治意图是，站在普鲁士王国专制立场上调和矛盾。与黑格尔唯心主义世界观和保守主义立场不同，马

---

[1]《马克思恩格斯全集》第3卷，人民出版社2002年版，第92页。
[2] 同上书，第93页。

克思站在唯物主义立场上，从客观的历史发展角度出发来研究市民社会与国家的分离及其历史意义。马克思考察了前资本主义时期的社会特征。在这一历史发展阶段，政治权力影响渗透到社会生活的方方面面，使政治国家与私人活动领域分界模糊，政治等级与市民等级合二为一，市民社会湮没于政治国家之中。比如，在中世纪，一切私人领域都具有政治性质，都是政治领域，反之，政治国家也有私人领域的性质。人民的生活和国家的生活是相同的。因此，"中世纪的精神可以表述如下：市民社会的等级和政治意义上的等级是同一的，因为市民社会就是政治社会，因为市民社会的有机原则就是国家的原则"[1]。市民社会与国家的分离是现代世界的产物。它有两方面的原因：一是商品经济的发展；二是政治革命的推动。商品经济是一种货币关系（而非政治关系），它所创造的资本主义私有制要求摆脱政治权力的干涉，成为独立的私人自治领域。政治革命是市民社会的革命，摧毁一切等级、行会和特权，特别是法国大革命完成了从政治等级到社会等级的转变，完成了政治生活同市民生活分离的过程。

马克思对市民社会与国家的现代分离给予了很高的评价。市民社会与国家的分离具有重要的历史意义，这首先是它的政治意义，即建立了现代政治制度。马克思首先指出，政治制度本身只有在私人领域达到独立存在的地方才能发展。在商业和地产还不自由、还没有达到独立存在的地方，也就不会有政治制度。如前所述，在中世纪一切私人领域都具有政治性质，政治也是私人领域的特性。马克思说道："中世纪存在过农奴、封建庄园、手工业行会、学者

......

[1]《马克思恩格斯全集》第3卷，人民出版社2002年版，第90页。

协会等等；就是说，在中世纪，财产、商业、社会团体和人都是政治的；国家的物质内容是由国家的形式设定的。每个私人领域都具有政治性质，或者都是政治领域；换句话说，政治也就是私人领域的性质。"[1] 黑格尔特别指出，在亚洲的专制制度中，政治国

描绘中世纪生活场景的绘画，阿尔斯鲁特绘，英国伦敦维多利亚与艾尔伯特博物馆藏　FOTOE/ 供图↑

[1]《马克思恩格斯全集》第3卷，人民出版社2002年版，第42页。

家只是单个人一己之任意,政治国家同市民社会一样都是专制王权的奴隶。只有当市民社会从政治国家或专制权力的束缚中挣脱出来,获得独立存在的时候,现代政治制度才会出现并发展起来。马克思从三个方面说明了市民社会与政治国家分离所产生的政治意义。

第一,它使等级制转变为代表制。在市民社会失去政治性质而变成纯粹私人生活领域之后,国家事务也被提升为普遍事务,即人民的事务,而不再是少数人的特权,人民在政治上获得了平等的地位。代表制只是在这一基础上形成和发展起来的,政治不再是特权群体的事务,而是全体人民的事务,公民在政治上是平等的,它们都享有参与政治共同体的权利。当然,在资产阶级国家中,人民并不是直接参与政治活动,而是通过选举自己的代表即议员间接参与政治活动的。相对等级制,代表制是政治制度发展的一个重大的进步。

第二,它使权力的分立成为必要。在市民社会和政治国家相分离的情况下,产生了市民社会与国家之间的权力制衡。市民社会通过派出自己的代表参加政治活动,参与国家事务,表达自己的利益诉求和意愿,这主要是通过立法机关来完成的。所以,市民社会拥有一定的立法权来影响国家权力。而政治国家则要通过执行权力的机关(包括行政机关和司法机关)来干预市民社会的事务。前者要通过立法机关实现自己特殊的私人利益,后者则要通过行政及司法机关维护普遍的共同的利益。可见,市民社会与国家的分离导致的政治制度的变革就是:分权原则和权力制衡。这成为现代资产阶级政治价值观的核心理念,也在现代资本主义国家政治实践中得到了很好的设计。

第三，它确立了人权和公民权的原则。在旧的市民社会之下，个人只是实现政治目的和社会目的的手段；在专制权力和封建主义社会下，个人只是君主的奴隶，而从专制权力中被解放出来的现代市民社会是彻底实现了的个人主义原则，个人的生存是最终目的；活动、劳动、内容等都不过是手段而已。恰恰相反，国家不再是个人的前提和目的，市民社会的成员，即独立的个人成了政治国家的基础和前提。国家从政治制度方面承认市民社会成员的这种基础地位，强调个人的独立性和自由平等权利，这就是人权和公民权。人权和公民权是政治国家在国家和法律层面上对市民社会成员的承认，是对他们的人身安全、自由、财产权、参与政治权利等的确认与保障。尽管马克思认为，这样的人权和公民权还不是真正人的全部本质，人的解放还远远没有完成，但他同样给予人权和公民权以

知识链接

人的解放

马克思人的解放思想的最高目标就是实现人的自由而全面的发展，走出各种压迫和剥削的束缚，以实现自由自主的生存状态。在马克思看来，人的全面自由发展作为人类自身发展的理想状态，是社会历史进步的必然趋势。马克思不仅科学地揭示了人的解放的涵义，而且阐述了人的解放的具体的历史过程。

很高的评价。人权和公民权使人们摆脱了旧市民社会，即封建主义专制社会的束缚，在人的发展历史上具有重要的功绩。总之，现代政治制度包括了代议制或代表制，资产阶级的三权分立等民主制度还包括了自由、民主、人权等政治价值理念的确立。市民社会与政治国家的分离，除了政治意义，还具有经济上的意义。它使经济活动、个体生活自由得到了充分发展。各利益主体摆脱政治因素，按照市场交换原则进行经济交往，经济活动和个体生活的自由度得以提高。这极大提高了人们参与经济活动的积极性，提升了经济活力，最大程度地解放和发展了生产力。马克思、恩格斯曾在《共产党宣言》中指出："资产阶级在它的不到一百年的阶级统治中所创造的生产力，比过去一切世代创造的全部生产力还要多，还要大。自然力的征服，机器的采用，化学在工业和农业中的应用，轮船的行驶，铁路的通行，电报的使用，整个整个大陆的开垦，河川的通航，仿佛用法术从地下呼唤出来的大量人口，——过去哪一个世纪料想到在社会劳动里蕴藏有这样的生产力呢？"[1]

2. 通过研究长子继承制，揭示出私有财产（市民社会）对国家的决定性作用

长子继承权或继承制要求该等级成员不能像其他市民一样有权自己处理自己的全部财产，有权把财产一视同仁地在身后遗留给自己的所有子女。他们负有政治使命，他们的财产"既不依赖于国家的财产，又和职业没有保障无关，和利润的追逐及财产的任何可变性无关，因为它的财产既不仰仗于行政权的恩宠，也不仰仗于群众

---

[1] 《马克思恩格斯选集》第1卷，人民出版社1995年版，第277页。

的青睐"[1]。实际上，他们的财产成为不可转让的长子继承的世袭领地。黑格尔说道："长子继承制的根据是：国家不能光指望一定政治情绪的简单的可能性，而必须依靠某种必然的东西。当然，政治情绪是和财产无关的，但二者之间又有某种必然的联系，因为拥有独立财产的人不会受外界环境的限制，这样，他就能毫无阻碍地出来为国家做事。"[2]对于长子继承制，黑格尔的基本观点是这样的：独立的地产是维护国家稳定、安全的最重要的保障，因为只有拥有独立地产的人才

描绘约1850年英国投入运营的火车的绘画 公元/供图↑

[1] [德]黑格尔：《法哲学原理》，范扬、张企泰译，商务印书馆2009年版，第324页。
[2] 同上书，第324—325页。

> **知识链接**
>
> **长子继承制**
>
> 由英国传入北美的财产继承制度,规定只有长子方可继承家长的财产(主要是土地),旨在维护大土地所有制及与之相联的封建义务。该制度在英属北美十三殖民地均盛行,后遭到日益强烈的反对。

不会受外部环境的干扰,从而毫无阻碍地为国家服务。长子继承制不仅是社会习俗,更是一种"政治要求",政治地位和政治意义决定了长子继承制度,它体现了政治国家对私有财产的支配权。而马克思认为:"黑格尔说什么长子继承权只是政治的要求,而且应当从它的政治地位和政治意义方面来理解,这种说法对他毫无帮助。"[1] 马克思指出,长子继承权决不是政治上的要求和自我规定,也不是国家普遍利益对继承权的制约;实际上,长子继承权是土地占用的结果,是私有财产的政治和法律表达。"长子继承权是完全的土地占有的结果,是已成化石的私有财产,是发展到最富有独立性和鲜明性的私有财产(无论什么样的)。"[2] 黑格尔其实颠倒了长子继承

---

[1] 《马克思恩格斯全集》第 3 卷,人民出版社 2002 年版,第 123 页。
[2] 同上书,第 124 页。

制度与国家的关系:"而黑格尔当作长子继承权的目的、规定性因素、始因来描述的东西,倒反而是长子继承权的成果、结果,是抽象的私有财产对政治国家的权力,而黑格尔却把长子继承权描写成政治国家对私有财产的权力。他倒因为果,倒果为因,把规定性因素变为被规定的因素,把被规定的因素变为规定性因素。"[1]马克思接着提出问题并对其进行了回答:"但是,究竟什么是政治构成、政治目的的内容,什么是这一目的的目的呢?什么是这一目的的实体呢?就是长子继承权,是私有财产的最高级形式,是独立自主的私有财产。"[2]不是政治目的去规定长子继承权,而是长子继承权就是政治国家的内容,是政治的目的,长子继承权作为独立自主的私有财产规定了国家的政治内容,这反映了私有财产对国家的支配权力。在马克思看来,在长子继承权中政治国家对私有财产行使的权力,只是使私有财产脱离家庭和社会,使它变成某种抽象的独立物。政治国家对私有财产的权力,不过是私有财产自身的权力。"政治国家对私有财产的权力究竟是什么呢?是私有财产本身的权力,是私有财产的已经得到实现的本质。"[3]马克思这段话的意思无非是说,政治国家对私有财产的权力,只是将现实存在的并发生决定性影响的私有财产在国家和法律层面上加以承认和保护,政治国家虽然是私有财产的规定者,但其实是被私有财产所规定的,它体现的是私有财产的意志。

在马克思看来,私有财产不仅是国家制度的支柱,而且还是国家制度本身。马克思正确指出了私有财产(长子继承权)对政治国

---

[1] 《马克思恩格斯全集》第3卷,人民出版社2002年版,第124页。
[2] 同上。
[3] 同上。

家的决定性作用的科学观点："在以长子继承权作保证的国家制度中，私有财产是政治制度的保证。这在长子继承权中的表现是：特殊种类的私有财产是这种保证。长子继承权只是私有财产和政治国家之间的普遍关系的特殊存在。长子继承权是私有财产的政治意义，是就政治意义即普遍意义来讲的私有财产。这样一来，国家制度在这里就成了私有财产的国家制度。"[1] 马克思根据"市民社会决定国家"的基本原则，充分意识到政治国家和国家制度的派生性。在分析长子继承制与国家制度关系问题上，马克思进一步洞察到私有财产的重要作用，它是政治国家和国家制度的决定因素，政治国家和国家制度是建立在私有财产基础上的，是服务于私有财产的利益要求的。可见，马克思从市民社会的分析中，进一步意识到市民社会的主要要素就是私有财产，私有财产是市民社会最重要的构成要素。马克思从市民社会决定国家的观点中进一步发展其理论，得出私有财产决定国家和政治制度的观点。

在对黑格尔的长子继承制的批判性分析中，马克思不仅意识到私有财产决定国家和政治制度的观点，而且也表达了批判私有财产或私有制的思想。黑格尔站在君主专制统治立场上，提倡并赞美长子继承制，他认为长子继承制维护了国家利益，保证了普遍自由和伦理精神。长子继承制如黑格尔所言，首先是"给私人权利的自由带上的枷锁"，意思是说，长子继承制对私人利益的过度扩张、泛滥，个人的任意、自由行为，个体的意志、欲望起着规范和限制的作用。马克思则认为，长子继承权是"摆脱了一切社会枷锁和伦理

---

[1]《马克思恩格斯全集》第 3 卷，人民出版社 2002 年版，第 135 页。

枷锁的私人权利的自由"[1]。长子继承权意味着私有财产的"不可让渡"，但它并没有维护和促进普遍意志自由和公共伦理道德。相反，"私有财产的'不可让渡'同时就是普遍意志自由和伦理的'可以让渡'"[2]。私有财产不是代表着普遍利益和公共伦理，而是代表着私人利益，私人的自由、意志以及利己道德，并且它也规定着国家的性质和精神。马克思在《批判》中多次表达了该思想。"私有财产，从而具有最抽象形式的私人任意，极端狭隘的、非伦理的、粗陋的意志，在这里表现为政治国家的最高合题。""无依赖性的私有财产即抽象的私有财产以及与之相适应的私人，是政治国家的最高构成。"[3]

（三）马克思主义的市民社会理论

1. 马克思的市民社会理论

市民社会理论是马克思主义的重要组成部分，马克思对市民社会的理论探索开始于《批判》。在《批判》《论犹太人问题》《〈黑格尔法哲学批判〉导言》等著作中，马克思主要是在特殊性活动领域中使用"市民社会"概念，并揭示、批判市民社会的利己性；在《1844年经济学哲学手稿》中，马克思在市民社会理论的研究过程中，逐步突出私有财产和异化劳动，开始过渡到以政治经济学角度研究市民社会的本质；在《德意志意识形态》中，马克思明确了市

---

[1]《马克思恩格斯全集》第3卷，人民出版社2002年版，第125页。
[2] 同上书，第126页。
[3] 同上书，第126、129—130页。

民社会的概念，较为完整地阐述了市民社会理论。

第一，广义的市民社会概念。马克思用市民社会来指称社会物质生活的全部内容："市民社会包括各个人在生产力发展的一定阶段上的一切物质交往。它包括该阶段的整个商业生活和工业生活。"[1] 在《德意志意识形态》中，马克思明确地把市民社会理解为"交往形式"。"在过去一切历史阶段上受生产力制约同时又制约生产力的交往形式，就是市民社会。"[2] 市民社会是全部历史的真正发源地和舞台。同时，马克思将市民社会理论与唯物史观联系起来，或者说，是在唯物史观的框架中具体理解市民社会含义："这种历史观就在于：从直接生活的物质生产出发阐述现实的生产过程，把同这种生产方式相联系的、它所产生的交往形式即各个不同阶段上的市民社会理解为整个历史的基础，从市民社会作为国家的活动描述市民社会，同时从市民社会出发阐明意识的所有各种不同理论的产物和形式，如宗教、哲学、道德等等，而且追溯它们产生的过程。"[3] 马克思在《〈政治经济学批判〉序言》中也明确了"市民社会"的含义。"我的研究得出这样一个结果：法的关系正像国家的形式一样，既不能从它们本身来理解，也不能从所谓人类精神的一般发展来理解，相反，它们根源于物质的生活关系，这种物质的生活关系的总和，黑格尔按照18世纪的英国人和法国人的先例，概括为'市民社会'，而对市民社会的解剖应该到政治经济学中去寻求。"[4] 马克思将"市民社会"规定为"物质生活关系的总和"。可以看出，

---

[1]《马克思恩格斯选集》第1卷，人民出版社1995年版，第130页。
[2] 同上书，第87—88页。
[3] 同上书，第92页。
[4]《马克思恩格斯选集》第2卷，人民出版社1995年版，第32页。

广义的市民社会指各历史时期社会发展的经济制度和基础,即决定政治制度和意识形态的物质关系的总和。

第二,狭义的市民社会概念。马克思在《德意志意识形态》中还指出:"'市民社会'这一用语是在18世纪产生的,当时财产关系已经摆脱了古典古代的和中世纪的共同体[Gemeinwesen]。真正的市民社会只是随同资产阶级发展起来的。"[1] 马克思在这段话中指出了狭义的市民社会概念,即所谓"真正的市民社会",它指的是"资产阶级社会"。市民社会,按其狭义,指资产阶级社会的物质关系。马克思在《批判》《论犹太人问题》《〈黑格尔法哲学批判〉导言》《1844年经济学哲学手稿》等著作中,主要是在"资产阶级社会"层次上使用市民社会概念的。

2. 西方马克思主义市民社会理论

在马克思之后的时代,随着生产力的进一步发展,科学技术革命及其成果应用促使现代西方社会的总体结构和社会基础发生了深刻变化,出现了一些新情况和新问题。以葛兰西、哈贝马斯等人为代表的西方马克思主义者发展了马克思主义的市民社会理论。市民社会的含义在他们那里有了根本性的改变,他们更多的是从文化、意识形态和公共领域等角度(非经济角度)来界定市民社会的。

葛兰西解构了传统的"经济基础—上层建筑"的理论模式,把市民社会归结到上层建筑中,并与传统意义上的国家并列;也就是说,把市民社会从经济领域"移植"到上层建筑领域。葛兰西针对发达资本主义国家的政权结构,提出了"国家 = 政治社会 + 市民社会"的著名论断。上层建筑有两个方面:一是政治社会就是

---

[1]《马克思恩格斯选集》第1卷,人民出版社1995年版,第130页。

国家、政府等政治活动领域；二是市民社会就是文化和意识形态领域。市民社会既包括政党、工会、学校、教会等民间社会组织所代表的社会舆论领域，也包括报纸、杂志、学术团体、新闻媒介等代表的意识形态领域。葛兰西之所以从文化和意识形态角度来强化市民社会的存在，是因为他发现，发达资本主义国家不再依靠经济剥削、传统的国家暴力机器来实现对无产阶级和广大人民群众的统治，更多地是通过文化和意识形态的灌输、渗透来统治和压迫无产阶级和广大人民群众的。因此，无产阶级单纯进行武装斗争是不够的，还必须进行文化和意识形态的斗争，夺取资产阶级在市民社会中的意识形态领导权，确保无产阶级在市民社会中的意识形态领导权。可见，洞察到代表市民社会利益的意识形态在维护当代资本主义统治中具有特殊的作用，是葛兰西坚持从文化角度研究市民社会并强调意识形态领导权的最为重要的时代因素。

哈贝马斯将"公共领域"和"生活世界"概念引入市民社会的讨论中，对市民社会理论的当代发展作出了重要贡献。哈贝马

葛兰西，意大利哲学家，20世纪杰出的马克思主义思想家之一　文化传播/供图↑

知识链接

公共领域

西方马克思主义法兰克福学派第二代的中坚人物哈贝马斯认为，公共领域是一种介于市民社会中日常生活的私人利益与国家权利领域之间的机构空间和时间，符合条件的公民可以在此自由讨论公共事务、参与政治活动。哈贝马斯在他的著作《公共领域的结构转型》以其影响深远而被认为是公共领域理论最权威的起源，并使公共领域概念成为欧洲主流政治话语中一个普适性概念。在《公共领域的结构转型》中，哈贝马斯认为公共领域一词等同于公共性，是指"我们的社会生活中的一个领域，在此领域中能够形成像公共意见这样的事物"。

生活世界

生活世界的概念最先来源于胡塞尔，是胡塞尔现象学中的重要概念。胡塞尔早在20世纪20年代之前，就已经开始使用"生活世界"这个概念，但直到20世纪20年代之后这个概念才在他的理论中具有了核心地位。有关"生活世界"的讨论，主要见于胡塞尔所著《欧洲科学危机和超验现象学》一书。

斯继承了黑格尔和马克思的观点,认为市民社会是随着市场经济的发展而形成的,是独立于政治国家的私人自主领域。哈贝马斯独特之处在于:他指出市民社会由两个不同的部分构成:一是以私人占有制和资本主义为基础的市场体系,包括劳动力市场、资本市场和商品市场及其控制机制;二是由个人组成的,独立于政治国家的社会文化体系,即"公共领域",它包括教会、文化团体和学会,还包括独立的传媒、运动和娱乐协会、辩论俱乐部、市民论坛和市民协会等,此外还包括职业团体、政治党派、工会和其他组织等。哈贝马斯认为市民社会的第二个部分,即"公共领域"构成了市民社会的主体。由此,哈贝马斯主要是在"公共领域"意义上研究市民社会的。在哈贝马斯看来,考察现代市民社会,本质上就是考察公共领域。首先,公共领域具有"公共性",它与私人领域相区别,公共领域说到底是公共舆论领域,讨论的是关于集体和国家的普遍问题;其次,公共领域具有"独立性",独立表达公众意见,与公共权力和国家权力相抗衡,至少是不受后者干预;最后,公共领域具有"开放性",每个人都可以进入公共领域,表达自己的意见、看法。此外,哈贝马斯还利用"生活世界"概念来说明公共领域和市民社会。哈贝马斯指出,在晚期资本主义社会,整个社会日益发展成为一个庞大的系统。它包括两大部分:一是以资本原则为导向的资本主义经济理性系统,二是以权力原则为导向的现代国家官僚系统。它们都按照工具理性原则发展,两者不断合并为一个工具理性系统,并将资本原则和权力原则渗透到整个社会之中,导致了生活世界的殖民化。而生活世界就是不同于经济系统和政治系统的公共领域,即市民社会。我们可以看出,哈贝马斯放弃了传统的"市场—国家"这个两分法,而是在"市场—国家—社会"这个三分法中理解市民社会（公共领域）。市民社会是既独立于经济系统，又独立于政治系统的"第三者"。

二、对黑格尔王权、行政权和立法权的批判

（一）对黑格尔王权的批判

1. 马克思对"王权就是任意"的批判

作为一个总体，王权包括三个环节：国家制度和法律的普遍性、作为特殊对普遍的关系的协商、作为自我规定的最后决断环节。黑格尔认为，这种绝对的自我规定的最后决断环节是最重要的，它是其他一切东西的归宿，也是其他一切东西的现实性的开端。王权在根本上被视为单一个体的意志。个人的意志就是王权。马克思说："就'最后决断'或'绝对的自我规定'这一环节脱离了内容的'普遍性'和协商的特殊性而言，它是现实的意志，即任意。"[1] 总而言之，任意就是王权，王权就是任意。马克思对黑格尔"王权就是任意"观点的揭露与批判，大致有下面几个角度。

（1）王权集中于单一个体——君主。黑格尔说："主权最初只是这种理想性的普遍思想，它只是作为自我确信的主观性，作为意志所具有的一种抽象的、也就是没有根据的、能左右最后决断的自我规定而存在。这就是国家中的个人因素本身，而国家本身也只有通过这种个人因素才能成为一个单一的东西。可是主观性只有作为

---

[1]《马克思恩格斯全集》第3卷，人民出版社2002年版，第28页。

主体才真正存在，人格只是作为人才存在，而在已经发展到实在合理性这个阶段的国家制度中，概念的三个环节中的每一个都具有其自为地现实的独特的形式。因此，整体的这一绝对决定性的环节就不是一般的个体性，而是一个个人，即君主。"[1] 从这段话中，我们可以得知，黑格尔认为国家主权必然集中于单一个体才能现实地存在，主权的个体性因素就是君主。黑格尔把君主规定为人格化的主权，表达了"主权在君"的专制主义思想。"国家人格只有作为一个人，作为君主才是现实的"[2]。

马克思揭露了黑格尔硬把国家主权和普遍意志说成单一个体——君主意志。"主权在君"思想意味着，君主是国家的人格，是人格化的主权，其他所有人都被排除在国家主权和国家意志之外，导致的结果是"朕即国家"。黑格尔在坚持主权在君思想的同时，还批评人民主权思想。他认为人民主权思想是混乱的、粗陋的。总之，主权在君的观点直接证明了王权就是任意的论断："君主是国家中个人意志的、无根据的自我规定的环节，是任意的环节。"[3]

（2）君主的产生是自然的，具有肉体偶然性。"君主作为这样一个从其他一切内容中抽象出来的个人，天生就注定是君主尊严的化身，而这个个人被注定为君主，是通过直接的自然的方式，是由于肉体的出生。"[4] 也就是说，君主之所以成为君主，具有代表国家的尊严，是个体通过直接的自然方式，即自然的肉体出生来完成

---

[1] [德]黑格尔：《法哲学原理》，范扬、张企泰译，商务印书馆2009年版，第296页。
[2] 同上。
[3] 《马克思恩格斯全集》第3卷，人民出版社2002年版，第34页。
[4] [德]黑格尔：《法哲学原理》，范扬、张企泰译，商务印书馆2009年版，第301页。

的。"君主的肉体决定了他的尊严。"[1]

马克思揭示了黑格尔的君主产生学说的荒谬性："人一出生就注定成为君主，如同圣母马利亚的圣灵降孕一样，不可能成为超自然的真理。"[2] 实际上，黑格尔并没有证明君主为什么由肉体出生决定。在揭示了君主产生学说的荒谬性的同时，马克思还批判了黑格尔的君主世袭制和继承制。黑格尔坚持王位世袭制，反对君主选举制，认为"君主选举制倒不如说是各种制度中最坏的一种"[3]。马克思针锋相对地指出，"主权不是世袭的，而是流动的，也就是说，王权是一种国家规定，这种规定是按其他环节的内在制度轮流指派给国家单个公民的"[4]。

（3）君主的最后决断即行为是任意的。如果说君主的出生表现出自然的偶然性，那么君主的行为则表现出意志的偶然性。具体表现如下：一是赦免权。黑格尔认为，君主主权产生赦免罪犯的权力，因为只有这个主宰一切的权力才有权实现这种化有罪为无罪，并用既往不咎的办法消除犯罪的精神力量。马克思指出，赦免权就是恩赦权，它是颇具偶然因素的任意的最高表现，黑格尔却把这种任意视为君主的真正属性，甚至把"无根据决断"（任意）视为恩赦的起源。二是选用大臣权。选用大臣是由君主"不受限制的任意"决定的，因为他们直接和君主本人接触。之所以选择他们，是因为他们是君主的侍从。君主就是根据这种"非常抽象、非常糟糕的经验"来选拔行政人员的。三是不承担责任。如果君主违反了

---

1 《马克思恩格斯全集》第 3 卷，人民出版社 2002 年版，第 44 页。

2 同上。

3 [德]黑格尔：《法哲学原理》，范扬、张企泰译，商务印书馆 2009 年版，第 304 页。

4 《马克思恩格斯全集》第 3 卷，人民出版社 2002 年版，第 48 页。

"国家制度整体",违反了法律,他是不需要负责任的,"只有这些咨议机关及其成员才应该对此负责,而君主特有的尊严,即最后决断的主观性,则对政府的行动不负任何责任"[1]。一个不负责任的行为必然是任意而为的。

2. 马克思用人民主权论否定君主主权论

在《批判》中,马克思一方面揭露并批判黑格尔"主权在君"或君主主权论思想,另一方面提出自己的思想主张,即人民主权论,用人民主权论来否定黑格尔的君主主权论。为了更好地理解马克思人民主权和民主制思想,我们首先简单回顾一下人民主权思想的历史演变。

人民主权或主权在民是指主权的起源、主体和归属都是人民。也就是说,主权来自人民、人民掌握主权、主权服务于人民。人民主权思想是近代资产阶级思想家提出的,

绘画《英王亨利一世的噩梦》中的英格兰诺曼底王朝国王亨利一世 文化传播/供图↑

---

[1] [德]黑格尔:《法哲学原理》,范扬、张企泰译,商务印书馆2009年版,第306页。

它以自然法、契约论为基础，论证国家的一切权力属于人民，确立人民的自由意志在国家生活中的最高地位，借以否定君主主权论和封建专制主义制度。

资产阶级学者洛克第一次提出人民主权理论。洛克认为，人类在进入政治社会，即国家之前存在一个比较完美的"自然状态"。这个自然状态不是霍布斯所说的一切人反对一切人的战争场所，而是一个"黄金时代"：人人受理性的自然法支配，人人拥有平等自由的自然权利。当然，自然状态也有缺陷：有时会产生敌对和毁灭性的战争状态。所以，需要确立法律、公正的裁判者和公共权力来解决这样的冲突，这就产生了组建国家的需要。人们通过社会契约组成国家，国家的权力不是来自神灵，而是个人让渡的自然权利，每个人都失去了一部分自然自由（让渡与国家），但得到了社会保障和社会自由。但人们始终拥有部分不可让渡和不可剥夺的自然权利；始终存在判断国家权力是否侵犯人们自然权利的最高法则的自然法；国家及其法律一旦违背自然法和社会契约论，人们有权摧毁国家的统治，采用的方式是强力对抗强力。洛克的人民主权思想的主要观点是：第一，国家主权来自人们的自然权利，即人权的部分让渡。国家的权力来源于人们自然权利的部分而非全面的让渡，人民主权是国家权力的来源。第二，人权高于主权。国家权力不得以任何借口侵犯人权，因为人民保留的自然权利是不可让渡和不可剥夺的，这是自然法所规定的。第三，主权有限。国家权力不得违背自然法和社会契约论，而是受到它们的严格限制。第四，权力制衡。洛克指出，国家有立法权、执行权和对外权，它们都是强力，且有被滥用的可能，所以预防的方法是分权制衡，以暴制暴。

卢梭是法国启蒙运动的先驱，他系统地阐述了人民主权思想，是人民主权理论的集大成者。卢梭也是自然权利论者，他认为，人类社会存在一个自然状态，在这一阶段，人人享有天然自由和平等，即"人是生而自由平等的"。随着私有制的出现和发展，人类由自然状态进入"文明状态"：不平等加剧，道德堕落，自由丧失。为了重获自由、平等，卢梭主张人们自由地缔造社会契约，并根据契约的规定决定国家的最高主权。卢梭的人民主权论建立在他的"公意"思想上。"公意"是指全体人民以共同利益为基础的共同意志。人民主权国家的活动要受"公意"的指导和约束。主权实际上是"公意"的运用。卢梭的人民主权思想主要有六个要点：第一，主权来自人权的全部让渡。与洛克的部分让渡不同，卢梭指出，国家主权来自人民权利的全部让渡，人民通过社会契约全部转让自己的人权，不再保留任何权利。第二，主权高于人权。人民在国家中的任何权利皆来自主权，从属于主权，除此之外，人民就不再拥有权利。第三，主权是不可转让的。人民没有任何理由转让主权。第四，主权不可分割。如上所述，主权是"公意"的运用，"公意"是人民共同体的意志。

卢梭，瑞士兼法国籍的哲学家、作家、政治理论家，启蒙运动的杰出代表，自然主义教育家　文化传播/供图↑

正是作为人民的共同意志,"公意"是不可分割的,这决定了主权也是不可分割的。卢梭特别强调国家与政府的区别。国家是"公意"的体现,是主权者,而政府不过是执行"公意"的机关,是国家的派生物。政府的全部职责是执行法律保障社会自由,政府在任何情况下都不能分割主权,更不能代替主权者。卢梭也反对三权分立的思想,认为立法权不能从人民手中分割出来交给任何机构或任何人。第五,主权不可代表。人民的意志是不可代表的,所以主权也是不可代表的。行政权力的执行者,即官员不是人民的代表,只是人民的公仆和办事员,人民有委任和罢免他们的权力。第六,主权是绝对无限的。霍布斯坚持"君主绝对主权",认为君主可以任意处置人民的财产和权利;洛克主张相对的人民主权;卢梭则主张人民绝对主权,主权是绝对的、不受任何限制的,即使是社会契约本身。主权的一切行为都是为了人民,人民至上。

资产阶级的人民主权思想是马克思思考、研究政治制度和国家的重要思想来源,特别是卢梭的人民主权论直接成为《批判》的理论参照系。马克思对黑格尔君主主权论的批判,对人民主权论和民主制的阐述,可以从诸多角度加以分析。

第一,人民主权与君主主权是两个完全对立的主权概念。黑格尔指出君主主权是人民主权的体现,马克思指出,这是根本不可能的:"如果主权存在于君主身上,那么谈论同它相对立的存在于人民身上的主权就愚蠢了,因为主权这个概念本身不可能有双重的存在,更不可能有对立的存在。"[1]也就是说,不是君主的主权,就是人民的主权,两者是完全对立的,君主主权怎么可能是人民主权的

……

---

1 《马克思恩格斯全集》第3卷,人民出版社2002年版,第38页。

体现呢？君主主权和人民主权不是存在于两个方面的同一个主权，人们只能在对立的两者中选择其一。同时，马克思还指出，二者有一个是不真实的，那就是君主主权，因为它是以上帝为主宰的，而不是以人为主宰的。马克思进一步指出，君主制不是民主制的真理，民主制才是君主制的真理。君主制本身是不彻底的或未实现的民主制；君主环节却不是民主制的环节，更不是其不彻底性的表现。君主制只能是"坏的种"。"民主制是国家制度的类。君主制则只是国家制度的种，并且是坏的种。民主制是内容和形式，君主制似乎只是形式，然而它伪造内容。"[1]

第二，主权与国家制度的关系。君主制是君主主权的国家制度，民主制是人民主权的国家制度。君主主权与人民主权的对立关系，在国家制度层面上反映为君主制与民主制之间的对峙。

第三，民主制是人民的自由产物。黑格尔从国家出发，把人变成主体化国家。马克思继承了费尔巴哈人本主义思想，把国家和国家制度理解为人民现实活动的产物，它们不过是人的社会特质的存在方式和活动方式。在民主制中，这一点更为明显："国家制度不仅自在地，不仅就其本质来说，而且就其存在、就其现实性来说，也在不断地被引回到自己的现实的基础、现实的人、现实的人民，并被设定为人民自己的作品。"[2] 马克思把费尔巴哈的宗教批判方法运用到民主制的说明中，正如不是宗教创造了人而是人创造了宗教一样，不是国家制度创造了人民，而是人民创造了国家制度。在民主制中，国家制度是人民自由活动的作品，它本身就表现为人民的自我规定。国家法律是人的存在形式，不是人为法律而存在，而是

---

[1] 《马克思恩格斯全集》第 3 卷，人民出版社 2002 年版，第 39 页。
[2] 同上书，第 39—40 页。

法律为人而存在。

第四，只有"真正的民主制"才能维护人民利益和实现人的普遍本质。黑格尔所构想的君主制根本无法消除市民社会与国家之间的分离，无法实现特殊利益与普遍利益的统一。"只有民主制才是普遍和特殊的真正统一。"[1] 君主制国家实现对人民的专制统治，根本不可能为实现人的普遍本质提供条件，只有民主制才能将人民提升为国家制度原则，国家制度、法律以及国家本身都成为人民的自我规定，是人的普遍本质的真正实现。此外，只有"真正的民主制"才能消除现代人的二重性存在。"真正的民主制"能够消除政治国家与市民社会、政治领域与社会领域、国家公民与作为市民社会成员的市民的分离。

（二）对黑格尔行政权和官僚政治的批判

马克思在《批判》中论述并揭露了黑格尔在行政权和官僚政治等方面的错误，阐述了自己的官僚政治批判思想。

1. 行政权和官僚政治的定义

黑格尔指出，首先，行政权是执行和实践国王的决定，即贯彻和维护已经决定了的东西，如现行法律、制度和公益设施；其次，它的目的是使特殊从属于普遍事务，维护普遍利益；最后，它包括了审判权和警察权。而官僚政治（官僚机构）就是行政权实施的行政机关，"行政权无非是被他作为官僚政治来阐明的行政机关"[2]。在

---

[1]《马克思恩格斯全集》第 3 卷，人民出版社 2002 年版，第 40 页。
[2] 同上书，第 57 页。

黑格尔那里，管理机构是指一个更高的社会公仆机构，这些公仆从中产阶级竞争中吸收而来，他们的任务是协调普遍利益，保卫国家团结。

2. 官僚政治存在的前提和基础

官僚机构存在的前提是市民社会通过同业公会实行的"自治"。官僚政治或官僚机构是同业公会进一步发展的结果，同业公会是官僚机构的原初形态，或者说，是官僚机构在市民社会中的实现。正是在这个意义上，马克思称官僚机构是国家的同业公会，同业公会构成市民社会的官僚机构。此外，同业公会为官僚机构的存在提供了物质前提。为了防止出现损害彼此利益的冲突，或者为了在相互冲突中获得自己利益最大化，单个同业公会需要名义上代表普遍利益的官僚机构的存在，调和各同业公会或各行业利益中的那些不一致的目标与需求，使之变得和谐一致，至少保持一种相对的和平状态。当然，它们希望官僚机构能保护自身利益而反对其他同业公会的利益。"于是，官僚政治这种完备的同业公会就胜于同业公会这种不完备的官僚政治。官僚政治把同业公会贬低为假象，或者力图把它贬低为假象；但是，它又希望这种假象存在并希望这种假象相信自己的存在。同业公会是市民社会企图成为国家的尝试，而官僚政治则是那种确实使自己变成市民社会的国家。"[1]

官僚政治的基础是国家与市民社会、普遍利益与特殊利益之间的分离。由于市民社会是一切人反对一切人的特殊领域，所以，才需要一个国家代理机构来维护市民社会的全体利益，协调它们的利益冲突，并使它们的利益服从于国家的普遍利益。马克思指出，黑

---

[1]《马克思恩格斯全集》第 3 卷，人民出版社 2002 年版，第 59 页。

格尔以国家与市民社会、普遍利益与特殊利益分离为出发点,而官僚政治实际上就是以这种分离为基础的。

3. 官僚政治的本质特征

黑格尔认为官僚机构具有真正的客观性,代表着真正的普遍利益,能够实现市民社会与国家的统一。马克思指出,黑格尔完全没有阐明官僚政治的内容,只是给官僚政治的"形式"的组织作了某些一般的规定。马克思通过对黑格尔官僚政治思想的批判性分析,从"本质"上揭露出官僚政治的实质:"国家形式主义",并且指出了它具有形式主义、等级制、神秘主义等特征。对官僚政治的本质特征的把握,具体可以从以下两个方面入手。

第一,从内容上看,官僚政治是"粗陋的唯物论",代表特殊利益。官僚机构在形式上维护着国家的普遍利益,而其实质是官僚机构形成了自身的特殊利益,他们在国家中是一种特殊的闭关自守的、封闭的利益集团,是国家中的"同业公会"。官僚机构精神只是"形式的国家精神",它真正的精神是市民社会的同业公会精神,是物质利益精神。官僚机构把自身利益和存在当作国家的最终目的,"国家的目的变成行政办事机构的目的,或者行政办事机构的目的变成国家的目的"[1],在这庞大的机构中,根本不可能以国家普遍利益为目标,更谈不上实现普遍利益了。"官僚政治是一个谁也跳不出的圈子。它的等级制是知识的等级制。上层指望下层了解详情细节,下层则指望上层了解普遍的东西。结果彼此都失算。"[2]

就行政人员而言,物质生活是他们的现实生活,追求个人目的

---

[1] 《马克思恩格斯全集》第3卷,人民出版社2002年版,第60页。
[2] 同上。

是他们的主要需求。国家目的没有成为每个行政人员的行政活动的"绝对命令",国家的目的并没有真正得到执行;国家的目的变成了个人的目的,变成了个人升官发财、飞黄腾达的手段。国家目的已被私人化,官僚政治已被物质化。等级制下的个人不以国家整体利益为工作指南,而是追求个人升迁;国家不以客观理性和公共道德为精神,已蜕化为物质和权力欲望。总而言之,"粗陋唯物论"主宰了官僚政治,掏空了它的普遍性和公共性,它的实质是利益的特殊化。

第二,从形式上看,官僚政治是"粗陋的唯灵论",具有神秘主义特征。从前面的论述我们可以得知,官僚政治代表特殊利益。但是,官僚政治为了自己的存在合法性,为了维护自己的权威,需要通过多种方式虚构自己的普遍性和公共性,把自己说成是普遍利益和客观理性的代表。"如果官僚政治一方面是这种粗陋的唯物主义,那么它另一方面也表明了它那粗陋的唯灵论就在于它想创造一切,就是说,它把意志推崇为始因。"[1] 可见,官僚机构通过意志万能的唯心论来粉饰自己,通过唯心论或唯灵论来言说自己的普遍性。"官僚政治是同实在的国家并列的虚构的国家,它是国家的唯灵论。""官僚政治掌握了国家,掌握了社会的唯灵论本质:这是它的私有财产。"[2] 官僚政治通过两种方式来维护它的神秘性:一是等级制,二是封闭系统。"官僚政治的普遍精神是秘密,是奥秘;保守这种秘密在官僚政治内部靠等级制,对于外界则靠它那种封闭的同业公会性质。因此,公开的国家精神及国家信念,对官僚政治来

---

[1] 《马克思恩格斯全集》第3卷,人民出版社2002年版,第61页。
[2] 同上书,第60页。

说就等于泄露它的奥秘。"[1]

总而言之，官僚政治站在唯心主义立场上，通过意识形态方式来编织自己的普遍性外衣，并通过各种方式来掩盖它的秘密。

4. 官僚行政人员的选拔

行政人员指"政府的全权代表""有执行权的国家官员"，他们是从市民社会同业公会和自治团体中被选拔出来的，是真正的"国家代表"，他们协调市民社会与国家的同一。黑格尔指出行政人员的选拔即实现市民社会与国家同一的途径有两个。一是"混合选拔"。行政职位的分配采取有关人员的通常选举与最高当局的批准、任命相混合。选举是取得同业公会、自治团体的信赖，表达了市民社会的特殊利益诉求；任命是体现国家意志，将国家的最高利益统一起来。这种混合方式可以将市民社会与国家统一起来。而在马克思看来，这种同一是十分表面的，隐藏在其后的是深刻的对立关系。同业公会的私有财产和特殊利益在本质上是反对国家的，通过这种选拔最多只是暂时的妥协与调和。行政人员和官僚机构根本无法将市民社会和国家真正地融为一体。二是每个市民都有可能成为国家官员，献身于"普遍等级"。黑格尔认为，国家官员是代表全社会利益的普遍等级，每个公民只要具备国家官员所需的职位知识和才能，就可以成为普遍等级中的一员，从而有力地将市民社会利益与国家利益统一起来。马克思不以为然，指出，国家官员是虚假的普遍等级、空幻的普遍等级，仍然是个特殊等级。每个市民都有可能献身于国家官员这一等级，不过是说明了一部分人通过某种方式（教育、考试）可以转到另一个等级中，获得该等级的权力。马

---

[1]《马克思恩格斯全集》第3卷，人民出版社2002年版，第60页。

克思指出:"在真正的国家中,问题不在于每个市民是否有献身于作为特殊等级的普遍等级的可能性,而在于这一等级是否有能力成为真正普遍的等级,即成为一切市民的等级。"[1]市民社会与国家的同一,不在于个人具有成为国家官员的可能性,而在于国家官员作为一个等级,是否具有成为普遍等级的可能性。顺便说一句,马克思在这里,虽然没有提出"无产阶级"概念,但表达了相近的意思:真正的普遍等级应成为一切市民的等级。真正的普遍等级不是官僚阶级,而是无产阶级。

黑格尔还指出了选拔的两种方式:考试

描绘英国约翰·塞鲁尔勋爵新任总理后和他的内阁成员的版画 文化传播/供图↑

---

[1]《马克思恩格斯全集》第3卷,人民出版社2002年版,第65页。

和君主决定。考试反映了个人同官职的客观联系，也就是说，个人必须证明自己有管理行政事务的知识和才能。马克思指出，考试无非是从法律上确认官僚知识是一种特权。每个人都有可能通过官僚知识而获得进入官僚等级的准入证。除了考试这一客观因素，还有一个主观因素即君主的决断。君主的任务：从众多具有官僚知识的人才中选拔出官员，担任相应官职，让他们全权管理公共事务。马克思认为，君主是偶然性的、主观因素的代表，他的恩赐成为官员选拔的最后决断。

5. 官僚机构的监督

黑格尔也意识到行政机关及其官员滥用权力现象的存在。黑格尔指出，监督官僚机构，防止官员滥用权力的方法主要有两个：一是官僚机构自身的"等级制"；二是同业公会的自下而上的监督。等级制监督实际上就是上级管理机关对下级组织的权力制约。马克思指出，这实际上根本无法防止权力滥用。官员只有违反等级制或犯了等级制认为不必要犯的罪行时，才受到等级制的惩罚。但是，如果等级制本身就是滥用权力的根源，或者说，某个官员犯了罪行是由等级制本身造成的话，那么，等级制根本不会惩罚官员，相反它对该官员百般庇护。此外，黑格尔还寄希望于官员的"直接的道德和理智的教育"来实现监督。事实上，官僚机构内部的"知识"和实际工作的机械性在抵消影响他的"道德和理智的教育"。

6. 铲除官僚政治

马克思对官僚政治持彻底否定和批判的态度，主张铲除官僚制度。从马克思后来思想发展来看，铲除官僚政治主要是消灭私有制，消除官僚对管理知识的独占，实施实现真正的普选制和人民当家作主的管理委员会等措施。总之，消灭私有制，消除国家机关的剥削阶级性质，实现无产阶级专政是摒除官僚政治的最根本措施。具体到《批判》而言，铲除官僚政治就是要有一个代表所有阶级利益的普遍阶级，它是普遍利益的真正代表者，而不是虚幻的代表者。官僚机构只是普遍利益的虚幻体现，只有国家在现实层面上真正代表全体人民的利益，官僚政治才会真正被根除。"铲除官僚政治，只有普遍利益在实际上而不是像在黑格尔那里仅仅在思想上、在抽象中成为特殊利益，才有可能；而这又只有特殊利益在实际上成为普遍利益时才有可能。"[1]

官僚政治或官僚制批判思想是马克思主义国家学说的重要组成部分，它散见于马克思不同时期的诸多著作中，比如，《批判》《路易·波拿巴的雾月十八日》《法兰西内战》等。下面，我们在综合分析马克思不同著作的基础上，总结出马克思官僚政治批判思想的主要内容。

（1）官僚政治存在的社会条件。第一，官僚机构与国家机器一样都起源于社会分工的发展。在国家出现以前的氏族社会中，没有专门从事管理的等级，一切问题都由个体解决，大部分问题可根据习俗解决。随着个人活动的扩大，个体之间的冲突越来越多，这就需要一种力量来解决争端，维护社会公共利益，这就形成了公共权力萌芽的土壤。随着新生产工具的出现、社会分工与交换的发展，私有制产生了，随之产生了奴隶与奴隶主、穷人与富人的差别。原始的民主制内部发生根本的变化，原初维护公共利益的公共权力服务职位转变为全社会的管理与统治的职位，并且多由经济上占主导地位的人担当。由此，专门从事公共事务管理和社会统治的机构就

---

[1]《马克思恩格斯全集》第3卷，人民出版社2002年版，第61页。

出现了，这些机构的出现促进了国家的形成。随着国家范围扩大、国家经济与政治职能增加，出现了国家职能的分化，需要有专业的人固定地掌管某一方面的统治和管理职能，这时官僚机构就应运而生了。

第二，官僚机构和国家一样都是私有制发展和阶级斗争的历史产物。马克思从物质生产方式和所有制出发来理解国家的起源，认为国家是私有制发展到一定阶段的产物。作为国家的重要组成部分，官僚机构的存在基础也是私有制。和国家一样，官僚机构也是阶段斗争的产物。作为国家机器，官僚机构的建立是以统治阶级战胜被统治阶级的阶级斗争为前提的；统治阶级为了维护本身的阶级利益，需要一个名义上的普遍机构来执行，从而更好地维护统治秩序。

（2）官僚政治的职能。马克思指出，官僚政治或官僚机构承担着两种职能：阶级统治职能和社会管理职能。前者是压迫大众、维护统治阶级利益的根本功能，后者是由社会分工而产生的必要的社会管理功能。马克思对官僚机构的社会管理功能关注并不多，他更为关注的是官僚机构服从于阶级统治需要的职能，这也是官僚机构最为重要的功能和任务。马克思研究的重点是资产阶级官僚机构的统治职能。在资本主义制度形成的过程中，资产阶级通过官僚机构消除了封建割据局面，促进了统一的国内市场的形成，为资本主义经济发展开辟了道路。在资本主义完全战胜封建主义、资产阶级政治制度和国家政权牢牢确立之后，官僚机构的"工作重心"就转变为镇压无产阶级，成为压迫、剥削无产阶级和人民群众的暴力工具，变成阶级专制的机器。马克思对官僚机构的阶级统治职能持彻底否定态度，认为消除官僚机构，就是取消其阶级统治职能，只保留其必要的社会管理职能。

（3）摒除官僚政治的具体措施。如前所述，在马克思看来，摒除官僚制度的最根本的措施是：消灭私有制，建立全社会公有所有制；夺取资产阶级政权，建立无产阶级政权，消除国家政权的压迫和剥削本质。马克思在《法兰西内战》中具体论述了摒除官僚政治的措施，并赞誉了超越官僚制度的理想模式——巴黎公社。马克思说道，通过消灭剥削阶级赖以存在的私有制，巴黎公社铲除了阶级和阶级统治赖以存在的经济基础；巴黎公社改变了政权的性质，实现了由奴役人民的工具到为人民服务的公仆的转变。

无产阶级专政改变了国家剥削阶级的行

1871年3月18日，法国巴黎无产阶级推翻资产阶级的统治，建立了巴黎公社。图为巴黎公社宣告成立时的情形　海峰/供图

政,为消除官僚政治奠定了根本的政治制度,但国家在无产阶级专政阶段还不会"消亡",国家的存在也隐藏着滋生官僚政治和官员腐败的风险,国家机构也会在社会管理过程中滋生特殊利益。所以,在无产阶级专政的国家中,不仅需要时刻警惕官僚化的滋生、蔓延,而且更需要积极主动地采取多种措施防止国家政权蜕变为官僚机构。结合巴黎公社的经验,马克思提出了摒除官僚政治和官僚机构的基本原则和具体措施:第一,自治原则。"公社将成为甚至最小村落的政治形式","旧的集权政府也得让位给生产者的自治政府"。总之,从旧的国家中夺过来其掌握的国家机器,掌握在人民手中,实现社会自治。第二,普选原则。公职人员均由普选产生,并且随时可以撤换不称职的公职人员。人人都具有平等选举权和被选举权。公职人员必须对选民负责,民众对他们进行自下而上的监督。第三,议行合一。公社不是议会式机构,而是一个"实干机构",既是行政机关又是立法机关。在马克思看来,资产阶级议会只是行政权用来骗人的附属物。第四,同薪不同工原则。公职人员只是劳动分工不同,而没有高低等级差别,也没有工资差别。公社对所有公职人员,不论职位高低,都是付给和农民工人一样的工资。

当然,巴黎公社的很多经验和具体措施是有历史局限性的,我们应用辩证的、发展的眼光来看待。

马克思的官僚政治或官僚制批判思想对后来的思想家产生很大影响,但也有不少思想家对此提出了不同意见,其中最著名的就是德国社会学家马克斯·韦伯。接下来,我们简单介绍两个"马克斯"在官僚制问题上的异同以及韦伯的意见,从而使我们以一种比较的、开放的眼光看待马克思的官僚制批判思想。

韦伯与马克思在官僚制问题上主要有下面几个方面的不同：一是对官僚制的本质认识不同。马克思主要从经济角度看待官僚制，它是维护统治阶级的经济利益和政治特权的工具。韦伯主要从技术和工具理性出发，把官僚制看作国家行政管理的庞大理性系统。二是对行政管理的重视程度不同。马克思重视的是官僚制的统治功能，把行政管理理解为社会化调节的一个手段，并且是统治功能的附属品。韦伯坚持官僚制的基本功能是行政管理功能。三是官僚的划分标准不同。马克思通过经济和政治地位进行阶级划分，现代官僚是资产阶级统治阶级或代理人。韦伯通过专业知识和专业资格而进行身份、阶层的划分，现代官僚是知识管理或专家阶层。四是对官僚制形成机制的认识不同。马克思指出，现代官僚制的出现根源于资本主义的生产方式。韦伯认为国家官僚独立于经济领域的理性化，事实上，国家官僚制度早于资本主义经济秩序的出现。五是对官僚化范围认定不同。马克思主要在国家和政治领域范围内谈及官僚化趋势，将之视为阶级斗争激烈化的政治反响。韦伯审视出官僚化趋势延展到社会的所有领域，指出我们的社会就是一个庞大的官僚系统。六是对官

马克斯·韦伯，德国学者，与马克思、涂尔干齐名，并列为现代社会学的奠基者　文化传播／供图↑

僚制的权力性质判定不同。马克思将之视为经济、资本统治，是一种社会权力。韦伯将之视为技术理性统治，是一种技术权力。

韦伯对马克思官僚制思想的根本批评在于：社会主义不能消除官僚制统治。马克思认为，现代官僚制是受资本主义经济和政治制约的，其本身不具有独立性，它会随着资本主义社会的消亡而自行消亡。马克思的设想是，未来社会主义将以"自我管理制度"取代现代官僚制和官僚统治；自我管理制度将支配、领导的功能降低到纯粹是技术上必要的程度，而剔除官僚制压迫和统治的内涵。韦伯指出，马克思所设想的社会主义根本无法消除官僚制统治，社会主义同资本主义一样也存在官僚制统治，也存在官僚人员的腐败等问题。韦伯的一个基本依据就是随着社会分工、管理专门化，不管是资本主义社会，还是社会主义社会都需要依靠专业知识进行行政管理，都需要一个独立的、专门的官僚阶层进行管理，他们形成一个庞大的官僚理性系统。这个系统会导致人的自由的丧失，也会导致知识阶层和专家阶层的腐败。

（三）对黑格尔立法权的批判

1. 揭露黑格尔的立法权与国家制度的"二律背反"

对于立法权与国家制度的关系，历来有两种观点：一是立法权高于国家制度。立法权是组织普遍东西的权力，是规定国家制度的权力。立法权应该存在于或已经存在于国家制度之前或之外。二是立法权从属于国家制度。国家制度是以国家自身理念为目的和原则的，只要它依据自身概念本性规定自己的活动，它就是合乎理性的，所以国家制度不以他者为原则，不受他者规定的权力而活动。

相反，立法权是以国家制度为前提的，它是按照国家制度确立起来的权力，国家制度通过各种法律来规定立法权的方向和边界。"立法权只有在国家制度的范围内才是立法权，如果国家制度在立法权之外，那么，它就处于法律之外了。"[1] 显然，一般看来，立法权与国家制度之间的关系是矛盾的、"二律背反"的。黑格尔如何解决立法权与国家制度的"二律背反"呢？他的想法集中体现在下面这段话中："立法权所涉及的是法律本身（因为法律需要进一步规定），以及那些按其内容来说完全具有普遍性的国内事务。立法权本身是国家制度的一部分，国家制度是立法权的前提，因此，它本身不由立法权直接规定的，但是它通过法律的不断完善、通过普遍行政事务所固有的前进运动的性质，得到进一步的发展。"[2] 黑格尔这段话有两层含义：第一，国家是理念的自我运动，理念的实现就是国家制度，有了国家制度才有立法权。所以国家制度是先于或外在于立法权的，它本身不由立法权规定，相反，它是立法权的前提。第二，国家制度不是凝固的，而是不断发展的，通过立法权、法律以及行政事务等手段可以逐步完善和发展国家制度。总而言之，黑格尔的立场是："国家制度直接处于立法权的范围之外，但是立法权却间接改变国家制度。"[3]

马克思指出，黑格尔并没有解决这一矛盾，而是把它变成另一个"二律背反"，"把立法权的作用即它的按照国家制度确定的作用置于同它的按照国家制度确定的使命相矛盾的境地"[4]。黑格尔的错

...

1 《马克思恩格斯全集》第 3 卷，人民出版社 2002 年版，第 70 页。
2 [德]黑格尔：《法哲学原理》，范扬、张企泰译，商务印书馆 2009 年版，第 315 页。
3 《马克思恩格斯全集》第 3 卷，人民出版社 2002 年版，第 70 页。
4 同上书，第 71 页。

1843年5月，马克思在莱茵省的小镇克罗茨纳赫撰写了《黑格尔法哲学批判》。图为19世纪40年代的克罗茨纳赫↑

误不仅在于没能解决立法权与国家制度之间的矛盾，更为重要的是：他站在为普鲁士专制主义辩护立场上，主张立法权从属于国家制度的观点。实际上，在黑格尔看来，立法权只是王权的附庸，他害怕人民通过立法权来制约王权，甚至是改变国家制度，他只是赋予立法权"完善"既定国家制度的权力，根本上是不可能改变国家制度性质的，也就是普鲁士的君主制国家的性质。可以看出，黑格尔骨子里是君主制的辩护士，认为国家制度本身不应属于立法权的范围，国家制度先于或高于立法权。马克思认为，能否解决立法权与国家制度之间的矛盾关系，就在于：是否使人民提升为政治国家（国家制度和法律）的原则。马克思指出，人民是立法主体,也是国家制度的根本原则。一方面,人民是立法主体,人民有权根据自己的意志制定国家制度。"人民是否有权为自己制定新的国家制度?对这个问题的回答应该是绝对肯定的,因为国家制度一旦不再是人民意志的现实表现,它就变成了事实上的幻想。"[1] 立法权代表人民意志,国家应在人民意志的指导下建立自己的国家制度,建立符合人民利益的新的政治制度。另一方面,国家制度也处在不断变化发展中。人民立法权决定了国家制度,但国家制度又是不断变化发展的,不论它如何变化发展,只要它顺从人民意志,符合人民利益,就是合理的。国家制度一旦不合理,人民有权立足于自身意志、现实利益及时调整或改变国家制度。

总之,在马克思看来,立法权是人民意志自由的最高表达方式,人民有权制定国家制度,且能根据时代发展和自身意志需求随时改变国家制度。

2. 阐述立法主体和立法方式等方面的观点

黑格尔认为,立法主体有三个,即立法权的"三个环节":第一个环节是"作为最高决断环节的君主",君主是最高意义上的立法主体,因为他有最后、最高的决定权;第二个环节是"作为咨议环节"的行政主体。他们是执行君主意志的官僚。第三个环节是"等级要素"即市民社会成员。等级要素是市民社会向国家派出的代表团。黑格尔指出,君主和官僚是立法主体的根本环节,而等级要素只是"形式上"的立法主体,他们在立法活动中难以有所作为。马克思说道,等级要素在黑格尔那里仅仅是一种形式而已,等

---

[1] 《马克思恩格斯全集》第3卷,人民出版社2002年版,第73页。

级要素作为立法主体,只是一种"奢侈品","只是为了迎合逻辑"[1]。黑格尔之所以认为,等级要素不能成为真正的立法主体,就在于他们是私人等级,他们是由单一性、私人观点和特殊利益产生的,所以私人等级本质上是利用自己的活动,为获得自己的私人利益而牺牲普遍利益;他们只关注自己的"私人事务",而不关注"普遍事务"。所谓普遍事务就是供职于政府的行政人员所从事的活动,他们站在国家立场上,献身于普遍利益和国家精神。立法是要解决国家的普遍事务,所以立法主体只能是站在国家立场上,从事普遍事务的君主和官僚,这样就把等级要素即私人等级排除在立法主体之外。

马克思批判黑格尔的狭隘的立法主体的观点,首先不同意将等级要素排除在立法主体之外。黑格尔所谓的普遍事务不过是一种虚假的形式,是君主的私人事务,现实的普遍事务应当是市民社会各等级的共同事务。等级要素即市民社会成员有权表达自己的利益和自由意志,参与国家事务,成为立法主体的重要环节。等级要素参与立法活动,表达了一定的人民意志,代表了一部分人民,或者说,表达了人民的部分意志和利益诉求。普遍事务应是绝大多数人的事务或全体社会成员的事情,人民是社会成员的大多数,所以普遍事务本质上就是人民事务,人民有权参与立法活动、参加国家事务,立法主体自然应该是人民。所以在立法主体问题上,马克思不仅批判黑格尔将等级要素排除在立法主体之外,而且也不赞成将立法主体局限于等级要素上;而是认为,人民是立法的真正主体,人民事务是真正的普遍事务。

---

[1]《马克思恩格斯全集》第3卷,人民出版社2002年版,第81页。

在立法方式上，马克思主张由代议制逐步过渡到普遍参与制。黑格尔实际上主张的是等级制的立法方式，私人等级采用的是"议员参与"的立法方式。马克思提倡的是"全体人员都单个地"直接参与，强调扩大选举并尽可能普及选举、扩大并尽可能普及选举权和被选举权，形成普遍参与立法的方式。黑格尔反对"全体人员都单个地"直接参与方式，认为这种看法死抱住每个人都是国家成员的这种"抽象规定"。马克思对此给出了反击。国家的普遍事务就是人民自己的事务。人民作为国家的主体，有权利也应当参与讨论、决定国家事务；全体人员有权利也应当参与立法，行使立法权。马克思实际上确立了普遍参与立法的价值理念。当然，普遍参与制是一种理想的政治价值目标，受文化、经济以及人们意识水平等方面的影响，在一定社会历史发展阶段，许多国家采用的是代议制，这具有相对的、历史的合理性。但真正代表人民利益的国家应当积极采取措施从主客观方面创造条件，推进代议制向普遍参与制的转化。

3. 揭示私有财产决定国家制度和法

马克思在《批判》手稿后半部分论述到长子继承制和私有财产。在"市民社会决定国家"的理论框架下，马克思进一步拓展并丰富它的内涵：揭示出私有财产决定国家制度和法，它是国家与法的决定性要素。

第一，不是政治国家决定私有财产，而是私有财产决定政治国家。

黑格尔把长子继承权描写成政治国家对私有财产的权力，他说长子继承权只是政治的要求，应从长子继承权的政治地位和政治意义来理解。可见，黑格尔坚持政治国家对长子继承权，即私有财产权的支配作用的观点。马克思揭露了黑格尔在长子继承权与政治国家关系问题上"倒因为果、倒果为因"。真实的关系是，私有财产规定国家和政治制度，构成它们的本质："政治制度就其最高阶段来说，是私有财产的制度。最高的政治信念就是私有财产的信念。"[1]

第二，私有财产决定立法权。在马克思看来，长子继承权是私有财产决定立法权的最有力的证明。黑格尔认为，长子继承权是权利相关人与生俱来的地产权，该权利的取得是基于肉体出生的地位，而不需要社会意义上的普遍承认。马克思批判了黑格尔的"动物学世界观"的荒谬性，指出了国家中的立法权是国家各个环节的真正的价值和本质的"秘密"，私有财产是国家的本质意义之所在，是国家法权的真正主体。一方面，私有财产决定了国家与法（特别是立法权）；另一方面，国家法律和立法权的任务在于确认和保护私有财产的，是为私有财产服务的。地产所有者的所有权是通过国家的立法形式而加以确立的，并得到社会的普遍认可。作为自由意志的体现，立法权"除了私有财产的内容外缺乏任何其他的内容"[2]。

三、马克思人本主义思想

《批判》的主要内容不仅包括马克思的市民社会理论，对黑格尔国家观的批判，还包括马克思的人本主义思想。人本主义思想是《批判》的另一重要内容。

---

[1] 《马克思恩格斯全集》第 3 卷，人民出版社 2002 年版，第 123 页。
[2] 同上书，第 127 页。

（一）批判黑格尔的观念主体，把人确立为真正的主体

马克思在《批判》中充分继承了费尔巴哈的人本主义思想。正如前文所述，费尔巴哈人本学的起点就是批判黑格尔的思辨哲学。在费尔巴哈看来，黑格尔哲学的根本错误就是"主谓颠倒"或"主宾颠倒"。黑格尔哲学是思辨唯心主义哲学，它把观念、理性以及精神看作世界的本源，其他东西都是从观念、理性以及精神中派生出来的，并且都是以观念、理性以及精神为最高本质的。这实际上将观念、理性以及精神确立为世界的"主体"或"主词"，其他东西都是由"主体"或"主词"派生出来、受其决定的"谓语"或"宾词"。费尔巴哈用人本学去批判思辨哲学的观念主体论，主张把人从思辨的观念、理性以及精神统治中解放出来，人才是真正的"主体"或"主词"。比如，在《关于哲学改造的临时纲要》中，费尔巴哈开始全面反对黑格尔以抽象的理念主体为出发点来建构整个体系的做法，提出要从人出发颠倒黑格尔哲学的主谓关系。费尔巴哈批判黑格尔哲学的最终成果就是置换

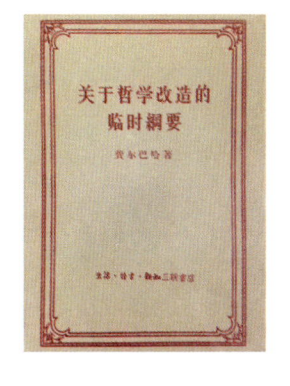

生活·读书·新知三联书店出版的费尔巴哈著作《关于哲学改造的临时纲要》封面↑

了"主体"：黑格尔的抽象的、神秘的思维和逻辑主体被置换为费尔巴哈的现实的、直接的和感性的人。费尔巴哈把人确立为真正的主体，影响到青年马克思。马克思在《批判》中就指责黑格尔到处都把观念当作主体，把国家理念当作主体，而把家庭和市民社会都看作观念主体的产物；观念变成了主体，而现实的主体，比如，家庭、市民社会以及现实的人变成了观念的因素，变成了观念的"谓语"。在黑格尔那里，之所以国家高于或者说决定家庭和市民社会，就因为国家是观念的主体，国家的基础或真正的内容是"受过教育的、意识到自身的精神"。马克思说道，在黑格尔那里，"变成主体的是：抽象的现实性、必然性（或实体性的差别）、实体性，因而是些抽象逻辑范畴"[1]。罢黜了黑格尔的观念主体，同费尔巴哈一样，马克思把人提升为真正的主体。人成为真正的主体，人也成为讨论一切问题的根据。但马克思的"人"与费尔巴哈的"人"不同。在费尔巴哈那里，所谓的现实的、直接的和感性的人还只是自然人，而不是社会的人。正是这一点引起了马克思的不满。对于费尔巴哈的《关于哲学改造的临时纲要》，马克思指出，"费尔巴哈的警句只有一点不能使我满意，这就是：他强调自然过多而强调政治过少"[2]。我们要充分意识到，不能把马克思在《批判》中的人的概念完全等同于费尔巴哈的人的概念。事实上，马克思从来都不是"照单全收"地继承费尔巴哈人本主义思想，从一开始就是批判性地继承，在继承的基础上不断发展人本主义思想。

---

[1]《马克思恩格斯全集》第3卷，人民出版社2002年版，第21页。
[2]《马克思恩格斯全集》第47卷，人民出版社2004年版，第53页。

（二）马克思对"人的本质"的认识

马克思在《批判》中对"人的本质"有着自己的界定。我们对马克思的"人的本质"理论的历史演变作一个简单的梳理，从而更好地把握《批判》中的人本主义思想。

1. 自我意识是人的本质

马克思在《德谟克利特的自然哲学和伊壁鸠鲁的自然哲学的差别》即博士论文中，由于受到当时青年黑格尔派布鲁诺·鲍威尔等人的自我意识哲学的影响，认为自我意识是人的本质。马克思批判

知识链接

布鲁诺·鲍威尔

布鲁诺·鲍威尔（1809—1882年），德国哲学家，19世纪40年代黑格尔哲学的代表人物之一，主要著作有《同观福音作者的福音史批判》《福音的批判及福音起源史》《斐洛、施特劳斯、勒男与原始基督教》等。他将黑格尔的自我意识解释为同自然相脱离的绝对实在，并以此来代替黑格尔的"绝对精神"，宣称"自我意识"是最强大的历史创造力。马克思和恩格斯对此进行了严厉批判。

对上帝的存在的本体论证明，指出对神的存在的证明不外是对人的本质的自我意识存在的证明。与青年黑格尔派一样，马克思把自我意识看成人的本质、本性，认为人高于神，人性高于神性。马克思高度赞扬《被锁链锁住的普罗米修斯》中普罗米修斯说的一句话："老实说，我痛恨所有的神。"反对机械唯物论和决定论，高扬人的主体地位和能动性，也是马克思强调自我意识是人的本质的重要理论意图。

2. 理性和自由是人的本质

马克思在《莱茵报》时期把理性和自由视为人的本质。马克思此刻的人的本质理论仍然没有超出黑格尔唯心主义的范围，和黑格尔一样，也是在人的精神领域内寻找人的本质。与博士论文时期不同的是，他不再把自我意识看作人的本质，而是把理性和自由看作人的本质。对当时的马克思来说，理性与自由是互通的概念，理性就是自由意志，自由就是合乎理性的。马克思之所以特别强调人的自由本质，就在于以此为理论根据，反对普鲁士专制统治特别是它的书报检查制度。马克思的现实意图是，为了在政治上维护出版自由、反对普鲁士政府的书报检查制度。他认为普鲁士政府的书报检查制度，反对的不仅仅是出版的自由，而是扼杀人的一切自由。马克思以高度的热情和激情赞扬自由的出版物，他认为，自由的出版物是人民精神的慧眼，是人民自我信任的体现，是把个人同国家和整个世界联系起来的有声的纽带；自由的出版物是人民在自己面前的公开忏悔；自由出版物是从真正的现实中不断涌现出而又不断累增的精神财富汹涌澎湃地流回现实去的思想世界。

3. 社会性是人的本质

在《批判》以及《论犹太人问题》和《〈黑格尔法哲学批判〉

导言》中,马克思突破了黑格尔的唯心主义体系,不再在人的精神和思维范围内寻找人的本质,不再把人的本质看作人类的自我意识或理性和自由等精神因素,而是从现实的社会生活出发来寻求人的本质,认为人的本质具有社会性,社会属性是人的真正本质。

4. 自由自觉的劳动是人的本质

马克思在《1844年经济学哲学手稿》中提出了"劳动"概念,特别是异化劳动理论构成该手稿的核心内容。马克思把劳动看作人与动物区分的根本标志,强调人的存在是自己获得、自我劳动的产物。劳动是人的根本的存在方式。并且,马克思提出,现代资本主义社会导致了劳动的异化,即异化劳动。现代资本主义的人的存在方式是异化劳动,它不是真正的劳动,而是真正劳动的异化。这个真正的劳动就是"自由自觉的劳动"。自由自觉的劳动构成了人的本质。人的本质的恢复,人的解放就是消除异化劳动,实现劳动的自由自觉的本性。

5. 物质生产劳动及其社会关系是人的本质

马克思在《关于费尔巴哈的提纲》和《德意志意识形态》等著作中,对人的本质的认识逐渐成熟,并且是立足于唯物史观理论基础上来规定人的本质的。马克思在《关于费尔巴哈的提纲》中指出,人的本质在其现实性上是一切社会关系的总和。在《德意志意识形态》中,马克思把物质生产劳动规定为现实个人的根本活动,它构成了人的本质。

接下来,我们具体论述马克思在《批判》中的"人的本质"理论。如前所述,此刻马克思论述"人的本质"脱离了黑格尔的唯心主义体系,马克思主要从现实社会角度出发来探求人的本质。马克思首先指出,人具有两种特质,即自然的肉体特质和社会特质(政治特质)。"国家的各种职能和活动同个人发生联系(国家只有通过各个人才能发生作用),但不同作为肉体的个人,而是同作为政治的个人发生联系,同个人的政治特质发生联系。"[1] 但是,这两种特质,哪一种才是人的本质呢?马克思接着说,人的本质"不是它的胡子、它的血液、它的抽象的肉体,而是它的社会特质,而国家的职能等等只不过是人的社会特质的存在方式和活动方式"[2]。从这句话我们可以看出,马克思的人的本质的观点既比黑格尔把人的本质看成人类的自我意识或理性和自由等精神因素的思想前进了一步,又比费尔巴哈过分强调人的自然肉体组织而忽视人的社会性、政治性的人本主义思想前进了一步。人的本质既不是精神属性,也不是自然属性,而是社会—政治属性。正是因为马克思认识到了这一点,所以马克思转而从人类社会现实出发来研究人的本质。马克思在《批判》中把人类社会现实领会为家庭、市民社会和国家。也就是说从现实世界中的家庭、市民社会以及国家中去理解人的本质。家庭、市民社会和国家不过是人的本质的存在方式。正是如此,马克思从"人的本质"出发去看待家庭、市民社会和国家。"如果在阐述家庭、市民社会、国家等等时把人的这些社会存在方式看作人的本质的实现,看作人的本质的客体化,那么家庭等等就表现为主体所固有的特质。人始终是这一切实体性东西的本质,但这些实体性东西也表现为人的现实普遍性,因而也就是一切人共有的东西。"[3] 这段话中的"实体性东西"指的是家庭、市民社会和国家。这段话

---

[1] 《马克思恩格斯全集》第3卷,人民出版社2002年版,第29页。
[2] 同上。
[3] 同上书,第51—52页。

表达了相互联系的两个意思：第一，家庭、市民社会和国家是人的本质的客观化。家庭、市民社会和国家不是观念或精神活动的产物，它们是人的本质的对象化、客观化。所以说，对家庭、市民社会和国家的正确理解不可能从观念精神的活动中获得，只能从人的本质出发获得准确理解：它们不过是人的社会存在或活动方式。人是家庭、市民社会和国家的本质，人是讨论诸如家庭、市民社会和国家等问题的前提。第二，人的本质实现载体或对象是家庭、市民社会和国家。人的本质实现于家庭、市民社会和国家中，对人的本质的把握也需要从人的本质的对象出发。

（三）立足人的本质，批判导致人分化的一切其他力量

在《批判》中，马克思不仅脱离了理性主义传统，立足于现实社会去把握人的现实本质，而且也立足于价值层面或规范层面上来理解人的本质。与从家庭、市民社会和国家等方面出发不同，马克思在哲学价值层面上提出了"类存在""类本质"的概念，这些概念不仅暗含在《批判》中，而且在《论犹太人问题》《〈黑格尔法哲学批判〉导言》《1844年经济学哲学手稿》中也得到了清晰的表达。"类存在""类本质"的概念源于费尔巴哈，但马克思赋予了它新的意义。所谓的"类存在"或"类本质"指的是人在真正共同体中的存在方式，人不以他人为手段，也不把自己当作手段，人是真正的目的；人与人之间的关系是作为人本身而发生的关系，而不是其他的，如物质的关系、利益的关系；人拥有真正的自由，充分实现了自己的本质，而不受其他力量的统治。一句话，真正的人是普遍性的存在，是充分实现"类本质"的人。马克思借助于人的"类

本质"，批判一切奴役人、压迫人的力量和关系。马克思人本主义思想的彻底性表现为："必须推翻那些使人被侮辱、被奴役、被遗弃和被蔑视的东西的一切关系。"[1]

1. 立足人的"类本质"，批判人的二重化存在

以人的本质为理论依据和价值标准，马克思发现，现代社会中的人是二重性的存在，人是自我分裂、自我分化的。人过着双重生活，一是现实的、经验层面的市民生活，二是抽象的、政治层面的公民生活。马克思指出，现代世界中市民社会与国家之间的分裂，是现代人的自我分化的生存状态。或者说，市民社会与国家的分裂表征是现代人的自我分化，即人的利己的经验存在与"类存在"的分裂。一方面，人在市民社会中过着私人的生活；另一方面，人在政治国家中过着普遍性生活。前者是人的个体性，后者是人的社会性。两者是分离的。人的本质的真正实现，或者说，人的解放就是在现实生活世界中将两者结合起来。马克思指出："只有当现实的个人把抽象的公民复归于自身，并且作为个人，在自己的经验生活、自己的个体劳动、自己的个体关系中间，成为类存在物的时候，只有当人认识到自身'固有的力量'是社会力量，并把这种力量组织起来因而不再把社会力量以政治力量的形式同自身分离的时候，只有到了那个时候，人的解放才能完成。"[2] 市民社会与国家的分裂，不仅反映出现代人的二重性存在，而且也是导致现代人自我异化、自我分裂的原因，所以消除人的异化、实现人的本质的问题就依赖于弥合市民社会与国家的分裂，在更高的层次上将两者统一起来。

---

[1] 《马克思恩格斯全集》第3卷，人民出版社2002年版，第207—208页。
[2] 同上书，第189页。

2. 批判导致人的本质丧失的市民社会

马克思在批判黑格尔法哲学过程中，逐步发现导致现代人分化的根本原因不在于国家，而是市民社会。市民社会是统治人的一种力量。马克思在《批判》中意识到，市民社会是特殊性领域，利己主义和个人主义是它的基本原则。生活在市民社会中的人们总是自私自利的，把他人当作实现自己目的的手段，实际上也将自己降低为手段；市民社会中的人与人之间的关系是自私自利的个人之间的利益关系。市民社会使人丧失了自己的"类本质"、共同性和普遍性，沦为利己的孤立的个人。他们虽是现实的、感性的人，却不是"真正的人"。也就是说，现实的人不是"真正的人"。沿着《批判》的思路，马克思在《论犹太人问题》中洞察到市民社会的根本力量是货币或金钱的力量。市民社会导致人的"类本质"的分化，说到底，是金钱导致了人的"类本质"分化。人不再以自己的"类本质"为行动目标或追求对象，而是向金钱顶礼膜拜。金钱实际上是人的分化本质，但它统治了人，人们对它佩服得五体投地。马克思继续探寻统治人的根本的力量，在《1844年经济学哲学手稿》中，把金钱进一步发展为私有财产和异化劳动。导致现代人的本质丧失的根源是私有财产和分化劳动的统治，人的本质的恢复就是消灭私有制，废除分化劳动。在《德意志意识形态》中，马克思认为，物质生产方式特别是分工是导致人分化的物质因素。实现人的本质，就是消灭分工。在《资本论》中，马克思明确了现代社会的决定性力量是资本和以资本为核心的生产关系。资本是导致现代人分化、导致工人阶级受剥削、受奴役的抽象力量。所以现代人的解放就是消灭资本主义生产方式。从马克思不同时期的理论探索可知，以《批判》为起点，马克思就意识到导致人的本质异化的根本力量不

在"国家"中，而在"市民社会"中。实现人的本质，恢复人的"类存在"，不在于批判理性、观念，而在于批判尘世；不在于批判国家，而在于批判市民社会。探索市民社会的本质和规律成为思考人的本质的前提，推翻市民社会的力量成为实现人的本质、人的解放的根本途径。

3. 批判"伦理国家"和"自由国家"

黑格尔的保守主义的"伦理国家"和资产阶级自由主义的"自由国家"都不过是人的"类本质"的抽象的、虚假的表现。"伦理国家"和"自由国家"都力图为人的"类存在"构建普遍性的共同体，但它们只不过是人的"类存在"或"类本质"的虚假实现。前者中的人不过是人的自我意识，后者中的人是抽象的公民，它们都与现实的个人相对立，也就是说，"真正的人"不是现实的人。马克思认为，人的"类本质"的真正实现，不能脱离市民社会在其上虚构抽象共同体，而是指出市民社会中的人的"类存在"之真正实现，只有依靠现实的人，依靠

《1844年经济学哲学手稿》序言的第1页↑

在市民社会内感性的活动的人来完成。

4. 科学对待马克思的人本主义思想

在如何对待马克思的人本主义思想问题上，存在两种错误的观点：第一种观点认为，人本主义思想是马克思早期不成熟的理论，马克思在成熟时期放弃了以前的人本主义思想。因此，马克思主义与人本主义思想是完全对立的。这种观点指出，人本主义思想主要存在于马克思早期著作中，比如，博士论文、《批判》、《论犹太人问题》、《〈黑格尔法哲学批判〉导言》、《1844年经济学哲学手稿》等。马克思在这些著作中使用了许多"不成熟的"术语，比如，人的本质、分化等概念，而马克思在成熟著作中放弃了这些概念，取而代之的是生产力、生产关系、商品、货币、资本等科学概念。这种观点认为，我们要以成熟时期的马克思主义为理论指导，剔除马克思早期不成熟的人本主义思想。第二种观点认为，人本主义思想是马克思主义的精髓，马克思理论发展的顶峰就是早期的人本主义思想，而马克思晚年的理论探索背离了早期的人本主义思想，所以也是不正确的。坚持马克思主义，就是坚持马克思早期的人本主义思想。

这两种观点都是错误的，都将青年马克思与晚年马克思、人本主义思想与马克思主义割裂开来、对立起来。实际上，我们应该以一种辩证的、历史的眼光看待马克思的人本主义思想，既不拔高它，也不贬低它。科学对待马克思的人本主义思想，应注意以下三点。

第一，充分认识到人本主义思想贯穿于马克思一生的理论创作中。马克思主义是关于社会发展的客观真理和人的解放的价值目标完全统一的思想体系。马克思主义是始终以人为出发点，以人为中心，以人为最高目的的理论。人的解放、人的自由、自由个性、每个人的自由发展和由此实现的一切人的自由发展，是贯穿于马克思全部理论的主题。人的解放是马克思主义理论的主题，也贯穿于马克思一生的理论创作中。马克思在后期的著作中并没有放弃早期的人本主义思想，也始终抓住人的解放这个主题，探求实现人的解放的条件。比如，《资本论》仍然是以人的解放为主题的，它探寻现代资本主义社会发展规律，揭示出导致现代人分化的根本力量，从而为实现无产阶级和广大人民群众的解放提供理论指南。

第二，实事求是地评价马克思早期的人本主义思想。马克思早期著作的确蕴含着丰富的人本主义思想。我们要实事求是地对待这些人本主义思想，要坚决反对两种倾向。一种倾向是把马克思的人本主义思想完全等同于费尔巴哈的人本学，认为马克思人本主义思想完全停留在旧哲学的水平上。另一种倾向把早期的人本主义思想当作马克思主义的最高水平，它完全脱离了费尔巴哈旧哲学，是立足于新哲学和新世界观的人本主义。第一种倾向贬低了马克思早期人本主义思想，第二种倾向抬高了马克思早期人本主义思想，它们都不是科学的、客观的态度。我们应当在马克思的思想发展历程中审视其人本主义思想，公正客观地评价。正是因为处于马克思的思想发展历程之中，所以一方面，它最大程度地继承了费尔巴哈的人本主义思想，马克思早期著作有着许多费尔巴哈的痕迹，最直观的表现就是运用了费尔巴哈哲学的概念，如"类存在""类本质"等；另一方面，马克思在许多方面又超越了费尔巴哈思想，比如，将费尔巴哈的自然人转化为社会人，强调人的社会历史属性，等等。

第三，坚持和发展马克思主义的人本主义思想，防止马克思主义教条化。坚持和发展马克思主义的人本主义思想和精神，有助于我们科学地对待马克思主义。受苏联的影响,传统教科书中出现了抽象化、教条化地理解马克思主义的倾向。把马克思主义片面化为"见物不见人"的抽象理论体系,甚至把马克思主义等同于经济决定论。马克思主义是科学性和价值性的统一,它是关于社会发展客观规律和人的解放学说的统一。

第三章 《黑格尔法哲学批判》的理论延伸

人就是人的世界,就是国家、社会。这个国家、这个社会产生了宗教,一种颠倒的世界意识,因为它们就是颠倒的世界。

一、《德法年鉴》的两篇文章

1843年10月中旬,马克思离开德国前往法国巴黎,与卢格一起筹办《德法年鉴》。他们打算通过这个刊物把德国和法国学术界的进步力量联合起来,"在批判旧世界中发现新世界"。马克思在巴黎研究了政治经济学和法国历史,接触到了工人运动,考察了资本主义社会的矛盾,他的政治思想和世界观发生了新的变化。

> **知识链接**
>
> **卢格**
>
> 一般指阿尔诺德·卢格(1802—1880年),德国政论家,青年黑格尔派分子。卢格的主要著作有:《阿尔诺德·卢格文集》(1847—1848)、《我们的制度》(1850)、《过去的时代》(1862—1867)。1843年,卢格邀请马克思一起到法国巴黎创办《德法年鉴》,后因与马克思发生思想分歧等问题,《德法年鉴》就此停刊。

《德法年鉴》预定从1844年1月开始出版，每月一期。后来由于马克思与卢格之间的分歧以及在其他方面所遇到的困难，杂志未能长期坚持下去，只是在1844年2月出版了一期合刊。

马克思在《德法年鉴》发表了两篇文章：《论犹太人问题》和《〈黑格尔法哲学批判〉导言》。前者是1843年秋在克罗茨纳赫写的，后者是1843年底在巴黎写的。这两篇文章是马克思《批判》思想的继承与发展，与《批判》有着很强的连续性。理论界一般将《批判》和《德法年鉴》两篇文章放在一起进行考察，也是由于它们之间的理论主题连贯性和思想一致性。总的来说，《批判》标志着马克思开始从唯心主义向唯物主义、从革命民主主义向共产主义的转变，而《论犹太人问题》和《〈黑格尔法哲学批判〉导言》则标志着马克思完成了从唯心主义向唯物主义、从革命民主主义向共产主义的转变。

马克思在《论犹太人问题》中驳斥鲍威

《德法年鉴》刊载的《〈黑格尔法哲学批判〉导言》和《论犹太人问题》↑

尔把社会政治问题化为神学问题的错误观点，指出宗教不是政治压迫的原因，而是它的表现；指出必须先消灭政治压迫，才能克服宗教狭隘性。马克思阐明了政治解放和人的解放的内容和性质，指出，政治革命把市民社会从封建主义下解放出来，实现了政治解放，即消灭等级制、同业公会和特权，这是历史的进步。但是，政治解放实现的是资产阶级的民主自由，还不是人的解放，只为人的解放创造了前提。人的解放要求突破政治解放的历史局限性，对社会进行改造，消灭私有制，消灭人的生活本身的分化。马克思在《论犹太人问题》中继承并拓展了批判黑格尔思辨唯心主义的理论成果，不是从宗教、观念等精神领域去寻求人的生存问题，而是从现实的市民社会和政治领域去探寻社会矛盾和人的分化问题，进一

知识链接

政治解放

　　政治解放是青年黑格尔派的核心主张，青年黑格尔派领袖布鲁诺·鲍威尔在论及犹太人解放问题时提出了该概念。1843年，马克思在《论犹太人问题》中阐明了政治解放的含义，指出政治解放"是人民所排斥的那种国家制度即专制权力所依靠的旧社会的解体"，即封建社会解体给人类带来的解放，同时指出政治解放不能等同于人类解放。

步从唯心主义世界观转向了唯物主义世界观。《论犹太人问题》继承了《批判》中的市民社会理论，并在市民社会理论基础上去理解资产阶级的政治解放，政治解放只是把旧市民社会从国家的束缚中解放出来，也就是现代世界出现的市民社会与国家的分离。但马克思也指出，政治解放只是"政治革命"，并不是市民社会本身的革命，即彻底的"社会革命"。马克思在《批判》中主要揭露了君主专制制度的落后性，在《论犹太人问题》中则进一步发展为对资产阶级政治国家和政治制度的批判，揭露出资产阶级国家和政治制度的虚假性。马克思政治立场进一步从革命民主主义转向共产主义。

实际上马克思在《论犹太人问题》中阐明了资产阶级革命和共产主义革命之间的区别，但还没有明确指出推翻现代资本主义社会的力量和途径。马克思在《〈黑格尔法哲学批判〉导言》中论述了人的解放的历史必然性以及实现人的解放和动力问题。马克思指出，资产阶级革命只是市民社会的一部分解放了自己，取得普遍统治，它丝毫不触及旧制度的基础。他指出，对于德国来说，必须进行彻底的革命，指出无产阶级是这个革命的领导者，论述了无产阶级的历史作用。无产阶级的社会地位不仅表明它能彻底代表普遍利益，而且表明它是能够为消灭任何奴役而斗争的阶级。无产阶级肩负的历史任务不是去实现一定阶级和阶层的受历史制约的局部解放，而是实现人的解放。此外，马克思还阐述了革命理论与革命实践相结合的必要性。"市民社会决定国家"意味着只能从市民社会本身出发寻求统治人、奴役人的异己力量并从市民社会本身寻求解放的出路。马克思在《〈黑格尔法哲学批判〉导言》中不仅坚持了市民社会革命的观点，而且进一步把市民社会革命的主体明确为无产阶级，阐述了市民社会革命的途径和条件。这些思想都表明马克思已从革命民主主义转向到共产主义,也是《批判》思想的合乎逻辑的发展结果。

总而言之,《德法年鉴》两篇文章是《批判》思想的继承和发展。我们对《批判》的学习与研究,必须结合《论犹太人问题》和《〈黑格尔法哲学批判〉导言》来考察,放在"两个转变"的思想视野中分析。

二、《德法年鉴》两篇文章的核心观点

(一)不能把社会政治问题化为宗教问题

《论犹太人问题》是马克思为批驳鲍威尔在犹太人问题和宗教问题上的错误观点而写的。犹太人问题是19世纪初期德国社会和政治生活中的一个棘手问题。德意志国家是基督教国家,主要信仰是基督教,犹太教士和犹太人在政治上遭受迫害,在相当大的程度上被剥夺了政治权利。1816年,普鲁士政府更是颁布法律,禁止犹太人担任国家公职,这激起了犹太人的公开反抗和斗争,进而使犹太人问题在当时成为各派人士普遍关注的话题。鲍威尔在此背景下写作了《犹太人问题》和《现代犹太人和基督徒获得自由的能力》两部著作。鲍威尔的主要观点是:犹太人要实现自身解放,获得政治权利,要以放弃自己的宗教信仰为前提,即他把犹太人解放问题归结为宗教问题。

1. 鲍威尔的错误观点

德国的犹太人渴望解放,想从基督教国家中解放出来,即公民

解放、政治解放。而基督教国家按其本质来看，是不会解放犹太人的，因为犹太人和基督徒之间有着最顽固的对立，即"宗教的对立"。怎样才能使宗教对立不能成立呢？废除宗教。废除宗教在鲍威尔那里表现为两个方面：一是犹太人要从自己的宗教信仰中解放出来，即放弃犹太教，成为无神论者。二是基督教国家也要从宗教中解放出来，在政治上废除宗教，从而成为"国家本身"。马克思指出："一方面，鲍威尔要求犹太人放弃犹太教，要求一般人放弃宗教，以便作为公民得到解放。另一方面，鲍威尔坚决认为宗教在政治上的废除就是宗教的完全废除。以宗教为前提的国家，还不是真正的、不是现实的国家。"[1]马克思从这两个方面出发揭露鲍威尔的错误。其一，犹太人所要求的公民权利，即政治解放并不以放弃宗教信仰为前提。马克思反问鲍威尔："政治解放的观点有权利要求犹太人废除犹太教，

布鲁诺·鲍威尔画像↑

[1]《马克思恩格斯全集》第3卷，人民出版社2002年版，第167页。

要求一般人废除宗教吗？"[1] 答案当然是否定的。马克思指出，人为了获得普遍人权，即获得政治解放，并不必然牺牲信仰的特权。现在资本主义社会现实也证明了这一点。当今资本主义最为发达的美国在政治层面上普遍实现自由民主制度，人们获得了充分的政治自由民主权利，但这并不影响绝大多数公民信仰宗教。其二，马克思认为，宗教在政治上的废除并不是宗教的完全废除。比如，基督教国家不再宣称基督教为国教，国家脱离基督教而自行运行，即在政治上废除宗教，政治国家从宗教的束缚中摆脱出来，但并不意味着每个人都放弃了基督教，基督教在社会上也并未被废除。"由此可见，甚至在绝大多数人还信奉宗教的情况下，国家是可以从宗教中解放出来的。"[2]

2. 社会世俗基础是宗教存在的根源，而不是相反

犹太人问题不是单纯的宗教或神学问题，而是世俗问题。分析、解决宗教问题必须从它的社会世俗基础入手。鲍威尔等青年黑格尔派把世俗问题化为神学问题，用迷信来说明历史；他们认为一旦消除人们的宗教局限性，就能消除人们的世俗限制。马克思批判青年黑格尔派在宗教问题上的唯心主义观点，认为宗教的根源只能在国家和世俗的基础上寻求正确的理解。"因为宗教的定在是一种缺陷的定在，那么这种缺陷的根源就只能到国家自身的本质中去寻找。"[3] "人就是人的世界，就是国家、社会。这个国家、这个社会产生了宗教，一种颠倒的世界意识，因为它们就是颠倒的世界。"[4] 具

---

[1] 《马克思恩格斯全集》第 3 卷，人民出版社 2002 年版，第 168 页。
[2] 同上书，第 170 页。
[3] 同上书，第 169 页。
[4] 同上书，第 199 页。

体到犹太教和犹太人问题，马克思要求我们不是到犹太教里去寻求犹太人的秘密，而是到现实的犹太人里去寻找他们宗教的秘密。马克思把犹太人宗教问题的世俗基础理解为普遍利益与私人利益之间的冲突，政治国家与市民社会之间的分裂；理解为实际需要、自私自利以及金钱统治。"犹太教的世俗基础是什么呢？实际需要，自私自利。犹太人的世俗礼拜是什么呢？做生意。"[1]

马克思进一步将《批判》中的"市民社会决定国家"的唯物主义原则运用到分析犹太人问题和宗教问题，市民社会不仅决定国家和政治制度，而且也决定了宗教等意识形态。市民社会和国家等世俗基础是宗教产生、存在与发展的根源，分析宗教问题必须从它的世俗基础入手。一句话："我们不把世俗问题化为神学问题。我们要把神学问题化为世俗问题。"[2]

3. 宗教批判与社会政治批判的关系

在探讨犹太人问题和德国人解放问题的过程中，马克思逐步揭示出宗教批判与社会政治批判之间的关系，明确了宗教批判转化为政治批判和社会现实批判的必要性的观点。

第一，马克思肯定了宗教批判的意义。宗教批判的理论依据是：人创造了宗教，而不是宗教创造了人。"宗教是还没有获得自身或已经再度丧失自身的人的自我意识和自我感觉。"[3] 宗教是这个世界的理论表现，反对宗教这种颠倒的世界意识，就是间接地反对这个颠倒的世界。宗教是人的本质的异化，说明人的真正本质不能

---

[1]《马克思恩格斯全集》第 3 卷，人民出版社 2002 年版，第 191 页。
[2] 同上书，第 169 页。
[3] 同上书，第 199 页。

> **知识链接**
>
> **宗教批判**
>
> 宗教批判是指近代史上资产阶级反封建的思想解放运动，它在不同国家和不同历史时期具有不同的斗争形式。马克思在《〈黑格尔法哲学批判〉导言》中阐明了具有宗教性质的虚假意识得以产生的社会根源，指引出一条彻底完成宗教批判任务的现实道路。

在现实世界中得到实现，只能通过幻想的、抽象的形式在宗教世界中得到实现。"宗教是人的本质在幻想中的实现，因为人的本质不具有真正的现实性。"[1] 马克思总结道，宗教是人民的鸦片，宗教里的苦难既是现实苦难的表现，又是对这种现实苦难的抗议。宗教是被压迫生灵的叹息，是无情世界的心境。可见，宗教是现实世界粉饰太平的手段，现实世界通过宗教给人民"虚幻幸福"，宗教成为人的本质的"虚幻太阳"。因此，"反宗教的斗争间接地就是反对以宗教为精神抚慰的那个世界的斗争"[2]。反宗教的斗争或宗教批判的积极成果是，破除了现实世界的"神圣光环"。它使人民不再抱

---

[1] 《马克思恩格斯全集》第3卷，人民出版社2002年版，第199页。
[2] 同上书，第199—200页。

幻想而是理智地思考人的存在和本质，使人们意识到要废除作为人民虚幻幸福的宗教，要求人民的现实幸福。总而言之，宗教批判是对苦难尘世和现实世界批判的萌芽和先导，是"一切批判的前提"[1]。

第二，马克思指出了社会政治批判的决定性作用。宗教批判只是一切批判的前提，不是批判的全部，也不是最重要的方面。马克思指出，宗教批判必须要转化为对政治的批判、对社会现实的批判。"真理的彼岸世界消逝以后，历史的任务就是确立此岸世界的真理。人的自我异化的神圣形象被揭穿以后，揭露具有非神圣形象的自我异化，就成了为历史服务的哲学的迫切任务。于是，对天国的批判变成对尘世的批判，对宗教的批判变成对法的批判，对神学的批判变成对政治的批判。"[2]青年黑格尔派的根本错误在于，把一切问题归结为宗教和

描绘犹太人每周祷告的绘画 文化传播/供图↑

[1] 《马克思恩格斯全集》第3卷，人民出版社2002年版，第199页。
[2] 同上书，第200页。

观念问题，把解决问题的方法归结为宗教批判和观念批判。马克思在《德意志意识形态》中对此作过集中的批判。马克思指出，从施特劳斯到施蒂纳的整个德国哲学批判都是局限于对宗教观念的批判。他们通过以宗教观念代替一切或者宣布一切都是神学上的东西来批判一切。他们认为，宗教、观念和普遍的东西统治着现存世界和人，把一切占统治地位的关系宣布为宗教的关系，消除统治世界和人的枷锁的方法就是同宗教、观念等作斗争，即宗教批判和观念批判。马克思认为，青年黑格尔派最终停留在宗教批判上，没有意识到政治批判和社会现实批判的决定性意义。马克思指出："这些哲学家没有一个想到要提出关于德国哲学和德国现实之间的联系问题，关于他们所作的批判和他们自身的物质环境之间的联系问题。"[1]

（二）政治解放的功绩与限度

1. 政治解放的含义和历史意义

"政治解放"是马克思《论犹太人问题》一文中的核心概念。政治解放是近代资产阶级所领导的革命，推动人类社会由封建专制主义社会走向资产阶级社会，具有一定的历史合理性。我们可以从三个方面分析"政治解放"的含义及其历史意义。

第一，政治解放是指国家从宗教的束缚中被解放出来，实现政教分离。宗教信仰与政治制度有两种基本类型：政教合一和政教分离。在前资本主义时期，世界各国和各地区的政治模式主要是政教合一。资产阶级政治解放的功绩在于它在政治上废除了宗教，消除

---

[1]《马克思恩格斯选集》第 1 卷，人民出版社 1995 年版，第 66 页。

了宗教信仰对国家政权和政治制度的支配性作用,实现了政教分离,保证了政治国家和国家制度的独立性和自主性。马克思指出:"犹太教徒、基督徒、一般宗教信徒的政治解放,是国家从犹太教、基督教和一般宗教中解放出来。当国家从国教中解放出来,就是说,当国家作为一个国家,不信奉任何宗教,确切地说,信奉作为国家的自身时,国家才以自己的形式,以自己本质所固有的方式,作为一个国家,从宗教中解放出来。"[1]

政治解放为什么能促成政教分离呢?原因在于:政治解放是以政治革命为实现途径的,而政治革命是市民社会的部分革命。它要求消除附加在国家和市民社会中的一切国教、宗教特权。但是,国家从宗教中被解放出来,即政教分离并不意味着人已经放弃了宗教,而只是宗教在公共领域和国家领域中被废除,宗教已经转移到私人领域、市民社会领域,整个宗教被赋予了纯粹私人事务的形式。

政教分离也不意味着政治国家与宗教信仰截然对立、完全排斥。在绝大多数资产阶级国家,政治和宗教建立了一种相对和平的、理性的关系:一方面,国家和政府承认其领土内的各种宗教并保护宗教信仰自由;另一方面,各宗教必须在国家的宪法和其他法律允许的范围内开展其活动。

第二,政治解放使市民社会从政治国家中被解放出来。政治解放的历史功绩不仅在于它消除了国家的宗教性质,而且在于它消除了旧市民社会的政治性质,废除了私有财产、出身、等级、文化程度、职业等政治特权。在封建专制制度下,财产或劳动等经济因素

---

[1]《马克思恩格斯全集》第 3 卷,人民出版社 2002 年版,第 170 页。

没有上升为独立的社会要素，相反，这些市民社会要素直接具有政治性质。这些要素以国家政治形式规定着市民社会，也就是说市民社会处于国家的统治之下，没有成为一种独立于国家的自治力量。政治解放摧毁了一切等级、同业公会和封建特权，消灭了市民社会的政治性质，将市民社会还原为由物质要素和精神要素等构成的个体活动领域。

第三，政治解放是指人们从传统共同体和身份制度中被解放出来，成为独立的个人。马克思根据人的发展程度将人类社会分为三个阶段：第一个阶段是"人的依赖关系"的发展阶段；第二个阶段是"以物的依赖性为基础的人的独立性"阶段，即资本主义时代；第三个阶段是"人的自由个性"阶段，即共产主义社会。在前资本主义社会中，人与人的关系表现为明显的人身依附关系，人与人之间的关系总是依附于某一个共同体，在某种"身份"的规定下相互发生关系，如封建主和臣仆关系、地主和农奴的关系、家长和子女的关系。个人要么从属于由血缘关系形成的自然共同体，要么从属于拟血缘、拟家长制的政治共同体。个人是没有"自我"的，没有独立的存在权利和价值，甚至没有人身自由。人们只有从共同体中获得某种身份、并基于该身份获得相应的权利、承担相应的义务。政治解放的意义就是使人从血缘共同体和具有政治性质的封建关系中解放出来，把人归结为市民社会的成员，归结为独立的个人。"封建社会已经瓦解，只剩下了自己的基础——人，但这是作为它的真正基础的人，即利己的人。"[1]

---

[1] 《马克思恩格斯全集》第 3 卷，人民出版社 2002 年版，第 187 页。

2. 批判以"政治解放"为核心的资产阶级政治制度

马克思在对犹太人问题的探讨中，洞察到政治解放的局限性，意识到资产阶级政治制度的虚假性。马克思的政治立场逐步从革命民主主义立场转变为共产主义立场，这一变化的集中体现就是他对政治解放的批判。"只有对政治解放本身的批判，才是对犹太人问题的最终批判，也才能使这个问题真正变成'当代的普遍问题'。"[1]

第一，严格区分政治解放与人的解放。鲍威尔没有探讨政治解放与人的解放的关系，马克思指责他毫无批判地把政治解放和普遍的人的解放混为一谈。尽管政治解放是人的解放的某种形式，"政治解放当然是一大进步；尽管它不是一般人的解放的最后形式，但在迄今为止的世界制度内，它是人的解放的最后形式"[2]。但更为重要的是两者的区分：政治解放并不意味着人的解放的实现。"摆脱了宗教的政治解放，不是彻头彻尾、没有矛盾地摆脱了宗教的解放，因为政治解放不是彻头彻尾、没有矛盾的人的解放方式。"[3] 作为政治解放成果的"自由国家"也可以在"人还不是自由人"的情况下建立起来。"政治解放的限度一开始就表现在：即使人还没有真正摆脱某种限制，国家也可以摆脱这种限制，即使人还不是自由人，国家也可以成为自由国家。"[4]

第二，政治解放所建立的资产阶级国家不是人的本质和人民利益的普遍代表，而是以私有财产和市民社会利己主义原则为前提的。"自由国家"是人的自由和普遍本质的虚假实现。资产阶级

---

[1] 《马克思恩格斯全集》第 3 卷，人民出版社 2002 年版，第 167 页。
[2] 同上书，第 174 页。
[3] 同上书，第 170 页。
[4] 同上。

高呼自由、民主和博爱等口号，指出其所建立的资产阶级国家是"自由国家"，是人的自由的表现，实现了人们的普遍本质。马克思指出，资产阶级国家并不是人们自由的现实性存在，只是人的自由的虚构载体，即中介，就像人把自己本质投射到宗教上一样。"国家是人以及人的自由之间的中介者。正像基督是中介者，人把自己的全部神性、自己的全部宗教约束性都加在他身上一样，国家也是中介者，人把自己的全部非神性、自己的全部人的无约束性寄托在它身上。"[1] 可见，正如人们把在现实中无法实现的本质投

在资本主义条件下，剩余价值率是工人受资本家剥削程度的表现。图为1905年1月22日俄国圣彼得堡平民示威者请愿实行最低工资制和八小时工作制时遭到镇压的场景　文化传播／供图↑

---

[1]《马克思恩格斯全集》第3卷，人民出版社2002年版，第171页。

射到宗教上一样，人们也是把在现实社会中无法实现的自由投射到国家上。国家成为人的自由的"宗教"。另外，资产阶级还指出，政治解放所建立的资产阶级国家代表着人们的"类生活"，即人在国家这一共同体中过着真正意义上的自由生活。马克思揭露，现代人在资产阶级时代过着双重的、分裂的生活：天国的生活和尘世的生活。天国的生活是指政治共同体中的生活，人把自己当作社会存在物；尘世生活是指市民社会中的生活，人把他人看作工具，把自己也降为工具，人作为自私自利的人进行活动。可以看出，资本主义时代的人们的生活方式是二重化的、分裂的。人的真正本质不能实现于现实世界中，只能"实现"于虚构的共同体中。"在国家中，即在人被看作是类存在物的地方，人是想像的主权中虚构的成员；在这里，他被剥夺了自己现实的个人生活，却充满了非现实的普遍性。"[1]总而言之，作为政治解放的重要成果，即"自由国家"并不是人的"类生活"的实现，它并没有解决现代人的二重性存在问题："政治解放一方面把人归结为市民社会的成员，归结为利己的、独立的个体，另一方面把人归结为公民、归结为法人。"[2]

资产阶级国家以私有财产和市民社会利己主义原则为前提和基础。资产阶级打着普遍利益的幌子，向人民宣称资产阶级国家废除了私有财产的束缚，而成为全体人民的共同利益的代表。比如，资产阶级在国家层面上取消了选举权和被选举权的财产资格限制；在政治权利上，资产阶级国家强调人人平等，废除出身、等级、文化程度、职业等差别。马克思指出，从政治上废除私有财产并不意味

---

[1]《马克思恩格斯全集》第3卷，人民出版社2002年版，第173页。
[2] 同上书，第189页。

着在社会层面上废除了私有财产,恰恰相反,资产阶级国家是以私有财产为前提的;国家宣布出身、等级、文化程度、职业为非政治的差别,并没有消除它们在市民社会中的影响。"国家还是让私有财产、文化程度、职业以及它们固有的方式,即作为私有财产、作为文化程度、作为职业来发挥作用并表现出它们的特殊本质。国家根本没有废除这些实际差别,相反,只有以这些差别为前提,它才存在。"[1] 马克思进一步指出,资产阶级国家是建立在市民社会及其利己主义原则基础上的。"它把市民社会,也就是把需要、劳动、私人利益和私人权利等领域看作自己持续存在的基础,看作无须进一步论证的前提,从而看作自己的自然基础。"[2]

第三,资产阶级自由、人权等政治权利是形式的、虚幻的。人权是政治解放的最重要的成果,也是资产阶级自由主义的核心价值。而在马克思看来,政治解放所承诺的自由、平等等资产阶级人权是抽象的、消极的和虚假的———一句话是形式的而非实质的。马克思是借助于(特别是黑格尔)法哲学框架展开说明的。现代社会的抽象二元性一方面表现为市民社会与国家的对立,另一方面又表现为人的个体性存在与社会性存在之间的矛盾。马克思立足于这一二元论框架分析了资产阶级核心价值。马克思指出,资产阶级之人权无非是市民社会成员的"自然权利",是"同其他人并同共同体分离开来的权利"[3]。市民社会成员的权利与政治共同体之权利体现为人权与公民权的对立。自由同样是市民社会意义上的自由,是"人作为

---

[1] 《马克思恩格斯全集》第 3 卷,人民出版社 2002 年版,第 172 页。
[2] 同上书,第 188 页。
[3] 同上书,第 182—183 页。

孤立的、退居于自身的单子的自由"[1]。"自由这一人权不是建立在人与人相结合的基础上,而是相反,建立在人与人相分隔的基础上。这一权利就是这种分隔的权利,是狭隘的、局限于自身的个人的权利。"[2] 马克思把资产阶级的自由归结为与共同体自由相对立的私人自由,并且这样的自由是以私有财产为基础的。"自由这一人权的实际应用就是私有财产这一人权。"[3] 马克思总结道:"任何一种所谓的人权都没有超出利己的人,没有超出作为市民社会成员的人,即没有超出作为退居于自身,退居于自己的私人利益和自己的私人任意,与共同体分隔开来的个体的人。在这些权利中,人绝对不是类存在物,相反,类生活本身,即社会,显现为诸个体的外部框架,显现为他们原有的独立性的限制。"[4] 马克思批判资产阶级自由主义将拥有消极自由的人视为"本来意义上的人""真正的人"。[5]

(三) 人的解放的途径、主体和条件

1. 市民社会批判与人的解放

政治解放是政治革命的成果。资产阶级政治革命把市民社会从封建专制制度下解放出来,实现了政治解放,即消灭了等级制、同业公会和特权,这是历史的进步。但是,政治解放实现的资产阶级自由民主,还不是人的解放,只是为人的解放创造了前提。人的解

---

[1] 《马克思恩格斯全集》第3卷,人民出版社2002年版,第183页。
[2] 同上。
[3] 同上。
[4] 同上书,第184—185页。
[5] 同上书,第185页。

放要求突破政治革命和政治解放的历史局限性，对市民社会本身进行批判，实现"社会革命"，消灭私有制、消灭金钱原则、消除人的生活本身的异化。

通过《批判》的理论探索，马克思把理论关注点逐步从"国家"转移到"市民社会"，从"政治"转移到"社会"。马克思意识到决定现实人存在与发展的根本领域不是政治国家领域，而是市民社会领域。进而，马克思充分把握到导致人的分化的根源不在政治国家，而是在市民社会之中。实现人的解放的首要目标是批判市民社会，实现社会革命。马克思揭示出市民社会的根本力量是私有财产和金钱。"实际需要、利己主义是市民社会的原则；只要市民社会完全从自身产生出政治国家，这个原则就赤裸裸地显现出来。实际需要和自私自利的神就是金钱。"[1]马克思把市民社会原则领会为犹太精神，即做生意和金钱。金钱是统治现实人的抽象力量，它导致了人的异化。金钱贬低了一切事物，消除了一切事物的普遍的、独立自在的价值，与此同时，金钱成为一切事物衡量自身的标准，即金钱剥夺了整个世界（自然界和人的世界）的固有价值。"金钱是以色列人的妒忌之神；在他面前，一切神都要退位。金钱贬低了人所崇奉的一切神，并把一切神都变成商品。金钱是一切事物的普遍的、独立自在的价值。因此它剥夺了整个世界——人的世界和自然界——固有的价值。金钱是人的劳动和人的存在的同人相异化的本质；这种异己的本质统治了人，而人则向它顶礼膜拜。"[2]金钱使人们让渡了自己的本质，人们不再以自己的本质和自主活动来发生

---

[1]《马克思恩格斯全集》第3卷，人民出版社2002年版，第194页。
[2] 同上。

相互关系，而是以金钱为中介，人的自身活动以及相互间的活动交往都变成了金钱关系。"在利己的需要的统治下，人只有使自己的产品和自己的活动处于异己本质的支配之下，使其具有异己本质——金钱——的作用，才能实际进行活动，才能实际生产出物品。"[1]

由于私有财产和金钱在市民社会发挥着统治功能，导致了人的分化，所以人的解放就是从"犹太精神"，即私有财产和金钱原则中被解放出来。"从做生意和金钱中解放出来——因而从实际的、实在的犹太教中解放出来——就会是现代的自我解放了。"[2]

2. 人的解放的主体

马克思在《〈黑格尔法哲学批判〉导言》中的共产主义立场表现为把无产阶级确定为人的解放的主体，论证了无产阶级的历史地位。资产阶级是政治解放的主体，领导政治革命。马克思把资产阶级革命称之为"纯政治革命"。"部分的纯政治的革命的基础是什么呢？就是市民社会的一部分解放自己，取得普遍统治，就是一定的阶级从自己的特殊地位出发，从事社会的普遍解放。"[3]可见，资产阶级政治革命只是"市民社会的一部分"的解放，而不是整个社会的解放，实际上是资产阶级自身的解放。而人的解放是触及大厦支柱（私有制）的革命，是"普遍解放"。除了资产阶级不代表普遍社会解放的利益，资产阶级力量的有限性也是它无法领导人的解放的革命的重要因素。马克思指出，德国资产阶级根本无法取得革命

---

[1]《马克思恩格斯全集》第3卷，人民出版社2002年版，第197页。
[2] 同上书，第192页。
[3] 同上书，第210页。

领导权。首先，在德国，资产阶级还没有发展起来、处于不断上升时期，它与无产阶级之间的对立已经发展起来了；它刚刚被卷入同封建贵族的斗争之中就与无产者展开激烈斗争。其次，德国资产阶级非常软弱，他们缺乏那些坚毅、尖锐、胆识、无情，缺乏和人民魂魄相同的开阔胸怀，缺乏利用物质力量去实现政治暴力的天赋，缺乏革命的大无畏精神。

德国革命的实际可能性就在于形成一个特殊阶级即无产阶级，它是一个被彻底戴上锁链的阶级，一个并非市民阶级的市民社会阶级。马克思指出，德国无产阶级"不是同

1848年，经过三月革命后，普鲁士国王腓特烈·威廉四世被迫同意召开会议，制定宪法，改组政府。5月18日在法兰克福召开了全德国民议会，即法兰克福议会。图为描绘在法兰克福举行的全德国民议会，500多名议员讨论起草德国宪法的绘画　文化传播/供图↓

第三章　《黑格尔法哲学批判》的理论延伸　119

德国国家制度的后果处于片面的对立,而是同这种制度的前提处于全面的对立"[1]。无产阶级不是自然形成的,而是社会压迫、私有财产统治的结果,它不拥有市民社会的任何权利,它是人性的完全丧失。也就是说,无产阶级与市民社会的全面对立说明,它必须解放整个社会领域才能解放自己。无产阶级"若不从其他一切社会领域解放出来从而解放其他一切社会领域就不能解放自己的领域,总之,形成这样一个领域,它表明人的完全丧失,并因而只有通过人的完全回复才能回复自己本身。社会解体的这个结果,就是无产阶级这个特殊等级"[2]。

因此,无产阶级的社会地位(被市民社会彻底抛弃)不仅表明了它超越市民社会的特殊利益能彻底代表普遍利益,而且表明它彻底的革命性和进步性,具有为消灭一切奴役和压迫而斗争的革命动力。无产阶级肩负的历史使命不是去实现某一阶级或市民社会的局部解放,而是实现彻底的、全人类的解放。

3. 人的解放的条件

马克思指出,革命理论和革命实践是实现人的解放的条件。"批判的武器当然不能代表武器的批判,物质力量只能用物质力量来摧毁;但是理论一经掌握群众,也会变成物质力量。"[3] 无产阶级实现人的解放必须将"批判的武器"和"武器的批判"结合起来。"批判的武器"指的是革命理论;"武器的批判"指的是革命实践(包括物质条件)。马克思主张革命理论与革命实践的结合与统一。

---

[1] 《马克思恩格斯全集》第 3 卷,人民出版社 2002 年版,第 213 页。
[2] 同上。
[3] 同上书,第 207 页。

马克思批判了两种错误派别。一是"实践派",否定哲学和理论的指导作用,企图通过直接的行动来影响和改变现实关系。二是"理论派",认为一切斗争都表现为哲学、理论同这个世界的批判斗争,只要在哲学理论中变革、革命就可以改变世界。

马克思还提出人的解放要将"无产阶级"与"哲学"结合起来。"哲学把无产阶级当作自己的物质武器,同样,无产阶级也把哲学当作自己的精神武器。""德国人的解放就是人的解放。这个解放的头脑是哲学,它的心脏是无产阶级。"[1]

三、人的解放与马克思的民主思想

政治解放与人的解放是《论犹太人问题》和《〈黑格尔法哲学批判〉导言》的核心概念,也是《批判》思想的逻辑展开。青年马克思在人的解放框架中,论述了民主与人的解放的内在关联。从政治解放角度分析政治民主的实质和限度;从社会解放角度探讨社会民主的要义和价值。以往,我们对马克思民主思想的理解过于单一,仅仅在阶级统治框架中阐释民主,把民主界定为阶级统治和国家形态。这样的阐释的确抓住了马克思民主观的核心,但是并不全面。通过梳理《批判》以及《论犹太人问题》和《〈黑格尔法哲学批判〉导言》的相关著作,我们发现,青年马克思通过政治解放、人的解放等概念,对民主进行过一系列论述。为了完整呈现马克思

---

[1]《马克思恩格斯全集》第3卷,人民出版社2002年版,第214页。

民主思想，在本节，我们不仅仅梳理青年马克思人的解放框架中的民主思想，而是整体上阐释马克思论民主的两种视角，完整阐释其主要观点。但是，着力点是放在《批判》《论犹太人问题》《〈黑格尔法哲学批判〉导言》等著作中所阐发的民主思想上。

民主（democracy）一词最初源于古希腊语 demos 和 kratia，前者意指"人民"，后者意指"统治"，合在一起就是"人民的统治"，即民主。尽管千百年来人们对民主的定义无数，但民主的最基本的意义始终是"人民的统治""主权在民""人民当家作主"。马克思同样接受了民主的最一般的定义。在《批判》中，马克思批判君主主权，提出人民主权论；把民主理解为"人民的自我规定""人的自由产物"。在《哥达纲领批判》中，马克思明确地以"人民主权"来界定民主的一般概念。但在不同时期，马克思理解和分析民主的侧重点是不同的。通过梳理马克思不同著作中的民主概念及其思想，我们发现马克思研究民主有两大分析框架或视角：阶级统治（国家形态）和人的解放。

（一）民主与阶级统治

马克思主义经典作家经常在不同层面上使用民主概念。

第一，民主是一种阶级统治。

第二，民主是一种国家形式或国家形态。

第三，民主意味着公民的平等和政治参与的权利。

第四，民主在思想观念层面表现为民主观念和民主精神。

尽管民主在马克思那里呈现出不同的含义，但其根本的一点是：阶级统治和国家形态。在阶级社会中，国家和民主都具有阶级性。它们属于一定的阶级，不存在超阶级的国家和民主。马克思强调民主的阶级性，认为世上没有所谓"纯粹民主""普遍民主"。民主不过是实现阶级利益的政治形式，它实质上是一个阶级对另一个阶级的统治。"国家内部的一切斗争——民主政体、贵族政体和君主政体相互之间的斗争，争取选举权的斗争等等，不过是一些虚幻的形式——普遍的东西一般说来是一种虚幻的共同体的形式——，在这些形式下进行着各个不同阶级间的真正的斗争。"[1] 民主不仅是阶级统治，同时也是一种国家形式或国家形态。民主是国家形式，是国家形态的一种。马克思把民主问题归结为政治上层建筑的问题。作为政治上层建筑、作为国家制度的民主，就是"民主制"。"民主"这种国家形式和其他国家形式（如君主制、贵族制）虽然存在诸多差别，但这些差别并不能掩盖国家的阶级实质。恩格斯指出："国家无非是一个阶级镇压另一个阶级的机器，而且在这一点上民主共和国并不亚于君主国。"[2] 列宁也指出，民主制同任何国家一样，也是有组织有系统地对人们使用暴力。

把握民主本质，最重要的是揭示其阶级属性；考察一种民主制度，最重要的是要认识其阶级统治的实质，这是马克思主义民主观的根本观点。从阶级统治角度看，马克思民主理论包括下面几个内容。

第一，揭露资产阶级民主虚假的普遍性、全民性，指出资产阶级民主的实质是资产阶级专政。马克思、恩格斯早在《共产党宣言》中，就明确指出了资产阶级代议制国家的阶级性质。资产阶

---

[1] 《马克思恩格斯选集》第 1 卷，人民出版社 1995 年版，第 84 页。
[2] 《马克思恩格斯选集》第 3 卷，人民出版社 1995 年版，第 13 页。

级"在现代的代议制国家里夺得了独占的政治统治。现代的国家政权不过是管理整个资产阶级的共同事务的委员会罢了"[1]。资产阶级统治的彻底的形式是民主共和国。民主制是资本主义社会中最普遍、最基本的国家形式。从人类社会发展进程来看,资产阶级民主共和制的确立,是历史的巨大进步。但它是否像资产阶级宣称的一样,是"全民民主""普遍民主"呢?无产阶级在1848年6月发动起义,主张进行彻底的民主革命,但遭到资产阶级的残酷镇压。马克思从这一历史事件中得出基本结论:"欧洲的问题并不是争论'共和国还是君主国'的问题,而是别的问题。它揭示出,资产阶级共和国在这里是表示一个阶级对其他阶级实现无限制的专制统治。"[2]马克思指出,广大的人民群众是被排除在资本主义民主之外的,无法真正参加民主生活,资本主义民主的实质,就是容许被压迫者每隔几年决定一次究竟由压迫阶级中的什么人在议会里代表和镇压他们。列宁总结道:"极少数人享受民主,富人享受民主,——这就是资本主义社会的民主制度。""资本主义社会里的民主是一种残缺不全的、贫乏的和虚伪的民主,是只供富人、只供少数人享受的民主。"[3]资产阶级民主本质上是富人的民主、资本的民主,其真正目的并不是民主本身,而是通过民主制,这一"最好的政治外壳"来保障资产阶级的所有权,保障资产阶级对无产阶级和人民大众的统治。

第二,科学论述了无产阶级民主即无产阶级专政的真实内涵。

---

[1] 《马克思恩格斯选集》第1卷,人民出版社1995年版,第274页。
[2] 同上书,第593页。
[3] 《列宁专题文集·论马克思主义》,人民出版社2009年版,第258、261页。

阶级统治和国家形态同样是马克思分析无产阶级民主的基本框架。我们可以从两个方面加以论述。首先，无产阶级民主是从资本主义到社会主义的过渡时期的国家制度和民主形式。马克思指出，在未来共产主义社会，国家消亡、民主消亡，人类社会将进入到一个无阶级、无国家的"自由王国"。但无产阶级在爆发共产主义革命之后，并不会"一下子"进入到"自由王国"。从资本主义到共产主义社会有一个漫长、艰辛而复杂的过渡阶段，这个阶段是无产阶级专政。恩格斯在《共产主义信条草案》中，第一次明确使用了"过渡时期"的概念，认为从资本主义的财产私有向共产主义的财产公有过渡的"第一个基本条件是通过民主的国家制度达到无产阶级的政治解放"。在《共产党宣言》中，马克思、恩格斯指出："工人革命的第一步就是使无产阶级上升为统治阶级，争得民

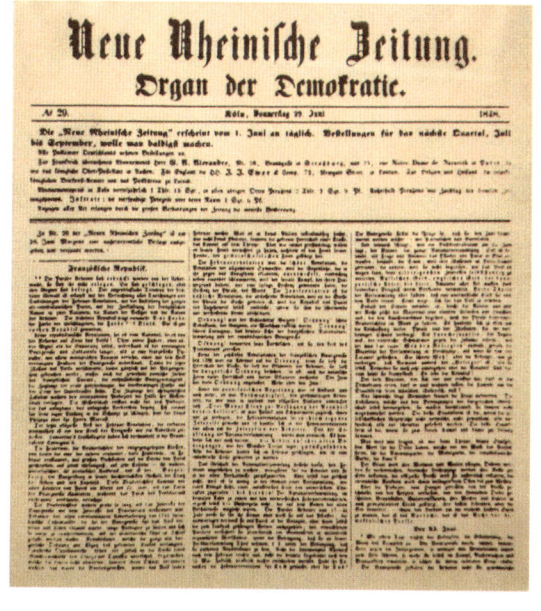

巴黎工人于1848年6月22日至6月26日举行起义。图为1848年6月29日《新莱茵报》上登载的马克思的《六月革命》 海峰 / 供图 ↑

主。"[1] 两人还将国家定义为"组织成为统治阶级的无产阶级"。除了"工人阶级专政"的说法外，马克思明确提出"无产阶级专政"的概念。"这种社会主义就是宣布不断革命，就是无产阶级的阶级专政，这种专政是达到消灭一切阶级差别，达到消灭这些差别所由产生的一切生产关系，达到消灭和这些生产关系相适应的一切社会关系，达到改变由这些社会关系产生出来的一切观念的必然的过渡阶段。"[2] 1852年，马克思在致魏德迈的信中论及无产阶级专政的必要性和任务："（1）阶级的存在仅仅同生产发展的一定历史阶段相联系；（2）阶级斗争必然导致无产阶级专政；（3）这个专政不过是达到消灭一切阶级和进入无阶级社会的过渡……"[3] 1875年，在《哥达纲领批判》中，马克思明确地将过渡时期与无产阶级专政联系起来。"在资本主义社会和共产主义社会之间，有一个从前者变为后者的革命转变时期。同这个时期相适应的也有一个政治上的过渡时期，这个时期的国家只能是无产阶级的革命专政。"[4] 列宁在《国家与革命》中详细论述了马克思、恩格斯的无产阶级专政理论。无产阶级专政不能理解为少数人的专制或独裁，它本质是无产阶级的政治统治形式。正如赫尔德指出的那样，无产阶级专政指的是工人阶级及其同盟者对国家和社会的民主支配。可见，作为国家形态的无产阶级民主指的就是无产阶级专政。无产阶级专政概念是就最大多数人获得政治统治意义而言的，也就是无产阶级及其劳动人民掌握国家权力，这便是无产阶级民主。列宁指出："无产阶级专政，向

---

[1] 《马克思恩格斯选集》第1卷，人民出版社1995年版，第293页。
[2] 同上书，第462页。
[3] 《马克思恩格斯选集》第4卷，人民出版社1995年版，第547页。
[4] 《马克思恩格斯选集》第3卷，人民出版社1995年版，第314页。

> **知识链接**
>
> **赫尔德**
>
> 这里指戴维·赫尔德,英国伦敦经济与政治学院政治学教授,在国际关系领域也卓有成就,其所著《民主的模式》自1987年初版后在政治学界引起了很大反响,被誉为"民主理论的必读之书"。

共产主义过渡的时期,将第一次提供人民享受的、大多数人享受的民主,同时对少数人即剥削者实现必要的镇压。"[1] 其次,无产阶级民主是新型民主和新型专政的统一。马克思主义经典作家所说的新型民主和新型专政是相对于资本主义国家乃至一切剥削阶级国家而言的。在剥削阶级统治的国家,民主仅仅是少数统治阶级的民主,专政是剥削阶级对被剥削阶级的镇压统治。在无产阶级国家,社会成员中绝大多数人享有民主,多数人的被剥削阶级对少数剥削阶级实现专政。列宁指出:"人民这个大多数享有民主,对人民的剥削者、压迫者实现强力镇压,即把他们排斥于民主之外,——这就是民主在从资本主义向共产主义过渡时改变了的形态。"[2] 由此可见,

---

[1] 《列宁专题文集·论马克思主义》,人民出版社2009年版,第261页。
[2] 同上书,第260页。

马克思主义也不是抽象地论述无产阶级民主，不是将之视为"纯粹民主"，阶级统治同样是无产阶级民主的核心要义。民主和专政是无产阶级民主不可分离的两个组成部分，是无产阶级民主（无产阶级专政）的两个不同方面，对一部分人的民主也就是对另一部分人的专政。

（二）民主与人的解放

从人的解放、人的解放与民主的关系分析民主政治是马克思的另一重要视角。"马克思主义在考察和把握'民主'概念所表达的实际社会和政治生活内容时，不仅将民主问题同国家和阶级统治结合起来，揭示民主的本质，而且将民主与人类解放结合起来，从历史唯物主义的角度，把握民主与人类发展与人类解放之间的关系。"[1]在人的解放视域中，民主是手段与目的的统一。其一，民主是实现无产阶级和人类解放的重要手段。恩格斯曾说过："如果不立即利用民主作为手段实行进一步的、直接侵犯私有制和保障无产阶级生存的各种措施，那么，这种民主对于无产阶级就毫无用处。"[2]其二，民主是无产阶级追求的目标，是人的解放的应有之义。只有不断追求民主、最终实现真正的民主，人类才能获得彻底的解放。在资产阶级统治条件下，无产阶级和劳动人民要争取法律形式所规定的各种民主权利。马克思、恩格斯在《共产党宣言》中告诫工人阶级要

---

[1] 王沪宁：《政治的逻辑——马克思主义政治学原理》，上海人民出版社2004年版，第227页。

[2] 《马克思恩格斯选集》第1卷，人民出版社1995年版，第239—240页。

"争得民主"。恩格斯在《1848年至1850年的法兰西阶级斗争》的"导言"中说道,争取普选权、争取民主,是战斗无产阶级的首要任务之一。在无产阶级取得政权后,实现真正民主,建立自由人联合体,将人的世界还给人本身,人得到彻底的解放。从人的解放角度考察民主的关键在于指出,民主的终极价值旨归或民主建设的落脚点是人的解放。

民主与人的解放之间的内在关联,不仅体现在价值层面上,而且体现在人类社会发展进程之中。民主最一般的含义就是"人民掌握权力""人民自我统治",人民在多大程度上掌握自我命运,即民主的实现程度取决于人类自身解放的程度。人类的解放过程就是人类逐步摆脱一切外在束缚关系的过程,提高"当家作主"的能力,以便最终成为具有自由个性、全面发展的人。马克思指出,人类解放过程依次会经历三个历史阶段:人的依赖关系阶段、物的依赖性阶段和自由个性阶段。"人的依赖关系"指血缘关系、人身依附关系,在这种关系中,个人是没有人身自由,没有独立的存在权利和价值的。"以物的依赖性为基础的人的独立性"是指商品经济社会,在这种社会中,个人虽然仍然受商品、货币以及资本等物的统治,遵循商品交换规律活动,但个人在形式上和法律上获得了独立性。"自由个性"是指未来共产主义社会,在那里,个人摆脱一切束缚,获得了真正的独立性。我们可以看出,人的解放包括两个基本内容:摆脱人的依附关系和物的依赖关系。前者是人的"政治解放",后者是人的"经济解放""社会解放",也就是彻底的人类解放。

在本导读中,我们主要聚焦《批判》《论犹太人问题》《〈黑格尔法哲学批判〉导言》等著作,阐释人的解放视域中的民主思想。

这一独特的民主视角以及民主思想是《批判》等著作的重要内容，也构成了青年马克思政治思想的重要内容。

1. 政治解放与政治民主

政治解放是人的解放的重要形式，但不过是资产阶级的、局限性的人的解放。"政治解放"是马克思民主政治理论的重要范畴。政治解放是近代资产阶级所领导的革命，推动人类社会由封建专制社会走向资产阶级社会。具体到《论犹太人问题》相关论述，政治解放的内涵有三个基本方面：第一，政治解放指国家从宗教的束缚中解放出来，实现政教分离。第二，政治解放使市民社会从政治国家中解放出来，消除了旧市民社会的政治性质。第三，政治解放指人们从传统共同体和身份制度中解放出来，成为独立的现代人。

马克思指出，政治解放作为"现代解放"，为现代民主政治以及现代人的解放与发展奠定了基础。首先，政治解放推翻了传统君主国家，将国家建立在抽象的人民主权原则上，建构了自由民主制度。马克思说得很清楚："政治解放同时也是同人民相异化的国家制度即统治者的权力所依据的旧社会的解体。政治革命是市民社会的革命。旧社会的性质是怎样的呢？可以用一个词来表述。封建主义。"[1] 在封建社会，国家的权力不在人民手中，政治革命的意义在于它打破了君主主权，将国家权力回归到人民手中。这是作为国家形态的民主最为核心的含义。尽管在奴隶社会和中世纪也存在民主制，但这样的民主制是以人在经济上和政治上都不平等为前提的，在经济上受奴役、受压迫的人，在政治上也受奴役和压迫，他们在政治上没有民主、自由和平等的权利。建立在经济和政治双重不平

---

[1]《马克思恩格斯全集》第 3 卷，人民出版社 2002 年版，第 186 页。

等的民主制是"不自由的民主制"。"在中世纪，人民的生活和国家的生活是同一的。人是国家的现实原则，但这是不自由的人。因此，这是不自由的民主制，是完成了异化。"[1] 政治革命实现了政治国家与市民社会的二元化，人们在政治国家领域获得了政治平等，以此为基础设计了"自由的民主制"。其次，政治解放实现了普遍的人权或人的自由民主权利，使人获得政治领域内的民主，即人在政治领域的解放。政治解放作为资产阶级的社会革命，冲破了"人的依赖关系"，消灭了市民社会的政治性质，导致了市民社会与政治社会的分离。这也意味着人的经济生活和人的政治生活的分离，人的存在二重化了。"政治解放一方面把人归结为市民社会的成员，归结为利己的、独立的个体，另一方面把人归结为公民，归结为法人。"[2] 这种分离以及人的二重化意味着，市民社会的等级差别变成了没有政治意义的私人生活的差别。由此而来的结果是，人们能够在政治上平等地享有政治权利和公民自由（尽管经济的、社会的不平等依然存在）。最后，政治解放确立了现代民主建构的逻辑起点。政治解放导致了市民社会与国家的分离。西方学者普遍认识到，这一分离是现代民主确立的前提条件。"国家和公民社会的划分必然是民主生活的核心特征。"[3] 古典民主制的逻辑起点是城邦（国家）。市民社会从国家中解放出来的过程，同时也是人从诸多共同体（包括国家这样的强力共同体）解放出来的过程，人成为独立的个人。"国家与市民社会分离，市民社会分解为独立的个人，彻底改变了

---

[1] 《马克思恩格斯全集》第3卷，人民出版社2002年版，第43页。
[2] 同上书，第189页。
[3] [英]赫尔德：《民主的模式》，燕继荣等译，中央编译出版社2008年版，第312页。

传统的政治逻辑，确立了社会决定国家、国家服务于独立的社会与个人的政治逻辑。"[1] 摆脱了"人的依赖关系"的私人或独立个体成为现代资产阶级民主制度建构的逻辑起点。"这种人，市民社会的成员，是政治国家的基础、前提。他就是国家通过人权予以承认的人。"[2] 在现代社会，"国家制度不仅自在地，不仅就其本质来说，而且就其存在、就其现实性来说，也在不断地被引回到自己的现实的基础、现实的人、现实的人民，并被设定为人民自己的作品。国家制度在这里表现出它的本来面目，即人的自由产物"[3]。这段话集中反映了人与国家之间的抽象契约关系构成了现代国家和民主制度的基础。这同时也意味着，作为"人的自由产物"的民主制度必须是围绕人的自由和个体权利而展开，个体的自由和权利是现代民主的价值支点。这也是自由主义民主理论的核心主张。

政治解放是人类解放的一大进步，但其本身还不是人类解放。政治解放所给予的政治民主并不是彻底的真正民主，它是有不可避免的历史局限性的。第一，资产阶级民主国家成为追求自身特殊利益的机构，并不代表真正的普遍利益。资产阶级高呼自由、民主等口号，指出其所建构的国家是"自由国家"，是人的自由的表现，实现了人民的普遍本质。马克思指出，资产阶级国家不过是虚幻共同体，并不是人民"类生活"的真实展现。此外，"自由国家"不可能摆脱市民社会的权力关系，而只作为超越所有特殊利益的机构，即作为"公共权力"为"公众"服务。民主国家和政治民主制

...

1 林尚立：《建构民主——中国的理论、战略与议程》，复旦大学出版社 2012 年版，第 27 页。
2 《马克思恩格斯全集》第 3 卷，人民出版社 2002 年版，第 187—188 页。
3 同上书，第 39—40 页。

度以私有财产和市民社会利己主义原则为其前提。"国家还是让私有财产、文化程度、职业以及它们固有的方式,即作为私有财产、作为文化程度、作为职业来发挥作用并表现出它们的特殊本质。国家根本没有废除这些实际差别,相反,只有以这些差别为前提,它才存在。"[1]第二,人们所获得的人权不过是利己主义的、狭隘的个人权利。资产阶级之人权是囿于孤立自身的狭隘人权,它同共同体相分离。资产阶级的自由同样也是与共同体相对立的私人自由,它建立在人与人相分隔的基础上。这些个人权利都是"消极"意义上的,缺乏积极参与共同体的民主潜能。第三,政治民主的狭隘性。人们在政治领域获得了自由平等的政治权利,但人们的平等仅仅局限于政治领域,并没有在经济领域实现。经济领域和社会领域的不平等依然存在。

总而言之,从政治解放视角看政治民主,需要把握三个方面的要义:一是政治解放为政治民主(现代民主制度)奠定了基础。二是政治民主指人在政治领域的解放,人们获得了政治权利和普遍人权。三是政治民主以承认资本主义生产关系和"自由"市场为前提,它的有限性和狭隘性需要被更高层次的民主形式所消解。

2. 社会解放与社会民主

同政治解放一样,人类解放(主要表现为社会解放)也是人的解放的一种形式,且是一种彻底的解放形式。马克思发现,政治解放只是使人们的自由平等限于政治领域,并没有在经济领域,即市民社会领域实现。人要成为真正自由的人,获得彻底解放,就必须消除经济领域的奴役和不平等,就必须摆脱物的依赖关系(资本拜

---

[1]《马克思恩格斯全集》第 3 卷,人民出版社 2002 年版,第 172 页。

作为社会主义国家的中国，我国提出和实行的全过程人民民主是社会主义民主制度趋于成熟的标志，意味着马克思主义民主思想的飞跃。图为2022年3月11日，十三届全国人大五次会议在北京人民大会堂举行闭幕会　中新图片/杨可佳↑

物教）及其对抗的社会分裂状态。所谓社会解放，就是将自由民主从政治领域扩展到社会经济领域，实现社会民主，最终完成人类解放。马克思、恩格斯等马克思主义经典作家都认为，政治民主不可能自然趋向社会民主，社会民主的实现需要进行彻底的社会革命。马克思指出，资本主义私有制是导致经济社会领域不平等的根源。因此，实现社会民主就需要消灭资本主义私有制及其国家机器。无产阶级以消灭资本主义、实现共产主义为己任，他们是社会革命和社会解放的历史主体，是实现真正的社会民主制的"物质力量"。所以，无产阶级革命是人类社会通向完全的社会民主的根本途径。

在《批判》等著作中，马克思是如何分析"社会民主"的呢？马克思主要通过"国家—社会"二元分析框架来说明。马克思根据唯物史观基本原理，把社会规定为国家的始源和基础。社会自身的阶级冲突、阶级分裂导致统治阶级需要借助于国家这一"虚幻共同体"来管理整个社会。"这种从社会中产生但又自居于社会之上并且日益同社会相异化的力量，就是国家。"[1] 在马克思那里，民主的本义就是社会民主，即社会中的人们"自作主张"、自我管理。但在阶级社会里，作为一种其他力量，国家成为社会的统治物，奴役和压制社会的自治和人民的自由。实现社会民主，就是摆脱国家统治，使国家向社会的完全复归，社会成为治理的真正主体。"自由就在于把国家由一个高踞社会之上的机关变成完全服从这个社会的机关。"[2] 马克思的"真正的民主制""自由人联合体""社会共和国"等概念都反映了"国家回归社会"的社会民主思想。在《批判》中，马克思认为，只有"真正的民主制"才能消除社会与国家之间的对立；"真正的民主制"的真谛就是人民的自我规定。在《共产党宣言》中，马克思提出用"自由人联合体"代替资产阶级的阶级统治和国家。在《法兰西内战》中，马克思提出用"社会共和国"代替旧的国家机器，逐步实现国家向社会的过渡。"应该剥夺资本家和地主阶级手中的国家机器，而代之以公社；公社公开宣布'社会解放'是共和国的伟大目标，从而以公社的组织来保证这种社会改造。"[3] 作为一种过渡形态，公社是实现社会解放的政治形式，"社

---

[1] 《马克思恩格斯文集》第 4 卷，人民出版社 2009 年版，第 189 页。
[2] 《马克思恩格斯文集》第 3 卷，人民出版社 2009 年版，第 444 页。
[3] 同上书，第 205 页。

会把国家政权重新收回，把它从统治社会、压制社会的力量变成社会本身的充满生气的力量……这是人民群众获得社会解放的政治形式"[1]。赫尔德正确地把握到"国家回归社会"的民主思想。他说："社会和国家将成为完全合一的生活方式，在这种方式中，人们将共同管理他们的共同事务，所有要求将得到满足，'每个人的自由发展'与'所有人的自由发展'将是一致的。"[2]

"国家回归社会"也就意味着阶级消亡和国家消亡。这也说明，建立在阶级统治和国家形态上的民主让位于建立在"国家回归社会"上的社会民主。西方诸多学者将马克思的社会民主理解为"政治终结"的民主模式。这同样反映出，马克思语境中的社会民主之实现的前提是：消灭社会阶级并最终废除一切形式的阶级权力和阶级斗争。马克思勾勒出人类社会的民主发展辩证法：原始的社会民主→阶级统治（国家形态）的民主→更高层次的社会民主。可见，仅仅从阶级统治和国家形态角度来看，并不能把握马克思民主理论的全部。

在社会民主完全实现的社会形态里，生产力高度发达，生产资料社会占有，劳动者联合劳动。社会成员享有同等的经济社会权利，每个人享有劳动的权利，也享用劳动的成果，即人人"各尽所能、按需分配"；人人都拥有自由发展的条件，垄断自由发展的社会条件消失了；社会的一切成员完全平等地享有管理社会生活的机会。社会民主呈现的是人们在经济、政治和社会等各个领域的自由发展和彻底解放。

---

[1]《马克思恩格斯文集》第 3 卷，人民出版社 2009 年版，第 195 页。
[2] [英]赫尔德:《民主的模式》，燕继荣等译，中央编译出版社 2008 年版，第 134 页。

总而言之,从社会解放视角看社会民主的基本内容,一是社会革命和社会解放是实现社会民主的根本途径;二是社会民主就是将"国家回归社会"的社会解放,它让社会及其人民成为治理的真正主体;三是社会民主指人们自由平等权利的完全实现,也就是人们在经济、政治和社会等各个领域的自由发展和彻底解放。

政治民主化是现代社会不可阻挡的潮流。民主政治及其建构也是中国特色社会主义事业的应有之义。我们要以马克思主义民主理论为指导,不断推进中国特色社会主义民主政治建设。但前提条件是,要完整准确地把握马克思主义民主思想。我们要充分意识到马克思分析民主的两种视角,将阶级性框架和人的解放框架结合起来理解马克思民主理论,既要避免西方的抽象民主的话语陷阱,也要

知识链接

政治民主化

一个政治体系中的政府体制由缺乏民主条件向着具有较多民主条件靠近或发展的过程,也即一个政治体系由权威主义统治向民主政治的转型。从广义上来看,政治民主化是指在人类历史发展过程中,政治从少数人的专制统治向多数人统治发展的整个过程。从狭义上看,政治民主化是指在现代社会转型过程中,政治从专制走向民主的过程。

防止"左"的教条对民主真谛的消解,两者不可偏废。只有这样,我们才能避免在建构民主过程中走入歧途。正是在这样的意义上,我们重读《批判》等著作,挖掘青年马克思政治思想资源,把握人的解放视域中的民主思想,具有极其重要的现实意义。

第四章 《黑格尔法哲学批判》与青年马克思政治批判

马克思在批判黑格尔法哲学的同时，意识到黑格尔对自由主义的深刻批判。马克思放弃了黑格尔的解决方案，继续深化对自由主义的批判，并最终通向了社会主义和共产主义。

在本章中，我们主要是从思想史的角度来解读《批判》及其相关著作，或者说，阐释它们在马克思思想发展历程中的地位。前面，我们梳理了《批判》以及《批判》之后的著作（《论犹太人问题》《〈黑格尔法哲学批判〉导言》）的思想要点。这些作品的主题都是政治批判，遗憾的是，学界对该问题研究不足，政治批判思想长期以来处在"空场"状态。原因有二。一是《1844年经济学哲学手稿》的强势地位遮蔽了政治批判的本有意义。西方马克思主义传统一直高度肯定《1844年经济学哲学手稿》的哲学人类学维度，进而将青年马克思思想主题归结为人道主义，由此青年马克思思想发展过程中的政治批判思想，特别是激进政治主题不得不被归结为枝节性的、过渡性的思想片断。二是绝大部分学者过于在"黑格尔—费尔巴哈"理论隐喻中考察政治批判思想。实际上是把马克思的政治批判思想仅仅归结为费尔巴哈式的。马克思对黑格尔法哲学批判所能达及的最高水平就是费尔巴哈的一般唯物主义和人本学。阿尔都塞说过："在1843年手稿（《批判》）中，马克思的自我意识是费尔巴哈式的意识。"[1] 其实，政治批判主题与《1844年经济学哲学手稿》中的哲学人类学思想并行不悖，并且前者是后者得以形成的前提；与此同时，政治批判思想的丰富性也不是"黑格尔—费尔巴哈—马克

---

[1] [法]阿尔都塞：《保卫马克思》，顾良译，商务印书馆2006年版，第47页。

思"的线索所能涵盖的。

因此，我们在本章主要阐释《批判》《论犹太人问题》《〈黑格尔法哲学批判〉导言》所呈现的政治批判主题；论述青年马克思在这些著作中所展开的政治批判，以及它所带来的两种理论效应。[1]

一、青年马克思政治批判的主题

近年来，青年马克思的政治批判思想日益受到人们的关注和重视。牛津大学教授大卫·列奥波尔德在 2007 年出版的《青年马克思》中围绕政治、现代性和人性之间关系的线索来研究马克思关于现代国家、政治解放以及人性等方面的理论，突出了政治批判的思想主题。伯尔基在《马克思主义的起源》中，强调古典自由主义是马克思主义起源的母体，当然马克思最终脱离了自由主义，走向了科学社会主义和共产主义。伯尔基从一个侧面强化了青年马克思对自由主义的政治批判的思想主题。国内学者邹诗鹏教授也强调马克思在《德法年鉴》时期的政治批判主题，特别是马克思在激进民主主义上的有意逗留。[2] 政治批判是青年马克思在克罗茨纳赫时期和

---

[1] 我们在这里凸显政治批判主题，并不是否认《批判》中所呈现的其他重要内容，比如，市民社会决定国家的这一唯物史观的初步表达。此外，为了论证的需要，前文已梳理的一些内容在本章中又有所重复。

[2] 对大卫·列奥波尔德的著作的中文介绍有：谢礼圣、吕增奎：《青年马克思理论视域中的现代国家——评〈青年马克思：德国哲学、现代政治和人类繁荣〉》，《当代世界与社会主义》2009 年第 6 期；邹诗鹏：《还原青年马克思的政治批判主题——〈青年马克思〉读后》，《哲学分析》2010 年第 2 期。邹诗鹏教授对"政治批判"的研究成果有：邹诗鹏：《马克思何以在激进民主主义上逗留？——再现马克思〈德法年鉴〉时期的政治哲学思想》，《哲学研究》2012 年第 5 期。

> **知识链接**
>
> **自由主义**
>
> 自由主义是一种意识形态和哲学，是以自由为主要政治价值的一系列思想流派的集合，一直到 20 世纪晚期，自由主义成了几乎所有发达国家的主要意识形态。

《德法年鉴》时期的思想主题。以往人们仅仅局限于唯物主义世界观的转变来解读《批判》，忽视了政治批判的思想主题。马克思在批判黑格尔法哲学的同时，意识到黑格尔对自由主义的深刻批判。马克思放弃了黑格尔的解决方案，继续深化对自由主义的批判，并最终通向了社会主义和共产主义。青年马克思对自由主义的政治批判在当代引起强烈反响。

（一）政治批判主题不可遮蔽

对于《批判》在马克思思想史中的地位，国内外历来有两种流行的观点。第一种观点以捷·伊·奥伊则尔曼、尼·拉宾等苏联学者为代表。他们认为《批判》是青年马克思世界观转变初期的一部"不成熟著作"，带有浓厚的旧哲学色彩，应将其与马克思后来的成熟著作区分开来。第二种观点以西方马克思主义者为代表。他们认为《批判》在马克思思想史中具有举足轻重的地位,是马克思哲学的开山之作,也是马克思主义最重要的著作之一。比如,意大利学者德拉·沃尔佩就认为,马克思哲学是以"新实证主义"科学精神为主要特征的,它是对黑格尔思辨哲学及其辩证法的"根本超越",而《批判》就是这个"根本超越"的最重要的标志。国内学者虽然没有在这极端的两派中选择"站队",但他们仍然没有脱离这一基本框架,只不过是作了相对化和弱化的处理。以王东为代表的学者强调《批判》中诸多的哲学方法论创新、哲学革命等思想,认为《批判》是马克思世界观转变历程的第一座里程碑,是他迈向唯物史观、实现哲学变革的重要铺垫。[1] 以唐正东、仰海峰、韩立新为代表的学者认为,在《批判》中马克思尽管站在一般唯物主义颠倒了黑格尔哲学,但是由于缺少经济学知识,马克思无法达到黑格尔法哲学的高度。所以,他根本没有超越黑格尔,没有进入到历史唯物主义理论平台上来。[2] 张一兵教授糅合了这两种思路,他认为《批判》存在两种逻辑:一是从市民社会出发的唯物主义现实逻辑;二是从"人"出发的异化史观。[3] 从上面的讨论,我们可以看出,不论对《批判》评价如何,其实它们分享了同样的分析框架:从马克

---

[1] 参见王东、林锋:《马克思哲学创新的重要铺垫———重新评价〈黑格尔法哲学批判〉的历史地位》,《新视野》2006 年第 1 期;林锋:《〈黑格尔法哲学批判〉的四大哲学创新———兼评〈黑格尔法哲学批判〉不成熟论》,《北京行政学院学报》2010 年第 5 期。

[2] 参见唐正东:《正确评价马克思〈黑格尔法哲学批判〉的思想史地位》,《河北学刊》2012 年第 1 期;仰海峰:《〈黑格尔法哲学批判〉:青年马克思与黑格尔关系的再思考》,《山东社会科学》2012 年第 4 期;韩立新:《从国家到市民社会:马克思思想的重要转变———以马克思〈黑格尔法哲学批判〉为研究中心》,《河北学刊》2009 年第 1 期。

[3] 参见张一兵:《"市民社会"与"人":一个共时性与历时性向度中的逻辑悖结———读马克思的〈黑格尔法哲学批判〉》,《江汉论坛》1994 年第 5 期。

思世界观转变（唯心主义向唯物主义的转变）、唯物史观形成史的角度来解读《批判》。

这样的解读难道错了吗？当然没错。我们可以用马克思后来的回忆来佐证。

马克思在《〈政治经济学批判〉序言》中说："我的研究得出这样一个结果：法的关系正像国家的形式一样，既不能从它们本身来理解，也不能从所谓人类精神的一般发展来理解，相反，它们根源于物质的生活关系，这种物质的生活关系的总和，黑格尔按照18世纪的英国人和法国人的先例，概括为'市民社会'，而对市民社会的解剖应该到政治经济学中去寻求。"[1] 这段话交代了马克思批判黑格尔法哲学所取得的成果，也标志着马克思自觉地向唯物主义转变。事实上，市民社会和国家的关系的确是《批判》的中心问题。马克思批判黑格尔法哲学，得出了"不是国家决定市民社会，而是市民社会决定国家"的结论，是马克思创立唯物史观的重要环节。我们并不是否定从世界观转变、唯物史观形成过程的角度来理解《批判》的合法性，而是指出，这种解读角度虽是主导地位的，却不是全面的。真实的情况是，《批判》最大的篇幅是对黑格尔法哲学和国家哲学的处理，而不仅仅是逻辑学意义上的"主谓颠倒"。我们也应当在政治哲学和政治批判框架中来把握《批判》。实际上，《批判》涉及诸多的政治思想资源，比如，契约论传统、自由主义、保守主义以及社会主义因素等。面对这些错综复杂的政治思想资源，费尔巴哈的"主谓颠倒"的自然主义方法显然是招架不住的。在1843年给卢格的信中，马克思就批评费尔巴哈"强调自然过多

---

[1]《马克思恩格斯选集》第2卷，人民出版社1995年版，第32页。

而强调政治过少"。只有政治哲学和政治批判的本质性介入，马克思才能意识到黑格尔对自由主义的批判、解决资本主义危机的保守主义方案，进而消化、吸收乃至脱离现代资本主义政治思想传统，经历激进民主主义、通达社会主义和共产主义。马克思之后的思想发展脉络也证实了这一点。在《批判》之后的著作，马克思在很大程度上借助黑格尔法哲学基本框架来清算自由主义，并开出超越自由主义的方案。列宁所说的"两个转变"（从唯心主义向唯物主义、从革命民主主义向共产主义的转变）实际上是从世界观转变和政治思想转变来考察马克思思想的演变。只有正确地把握青年马克思的政治批判主题，才能更好地理解"第二个转变"。

问题的关键还在于如何理解黑格尔所说的"国家高于市民社会"。一是主流的解读视角，就是揭示黑格尔哲学的思辨唯心主义实质，强调马克思哲学唯物主义思想的形成。二是我们所提倡的解读视角，就是在政

马克思像　文化传播/供图↑

治哲学框架中进行理解，特别是要揭示出黑格尔批判自由主义的政治意图。黑格尔"几乎在自由主义成为公认且完整的政治、社会与经济学说之前，其思考就已开始超越自由主义"[1]。在黑格尔那个时代，自由主义有两个基点：一是强调个人所有权和个人主义价值观；二是认为国家政府功能服从于市民社会或市场经济。黑格尔对自由主义的批判也是从这两个方面入手的：一是批判市民社会；二是批判自由国家。黑格尔对市民社会的解读有两条线索：一条线索从英国的国民经济学出发，把市民社会规定为独立个人相互交往的社会，强调市民社会的积极意义；另一条线索从霍布斯政治理论出发，把市民社会理解为私利斗争的场所，突出市民社会的内在矛盾和冲突。"在市民社会中，每个人都以自身为目的，其他一切在他看来都是虚无。但是，如果他不同别人发生关系，他就不能达到他的全部目的，因此，其他人便成为特殊的人达到目的的手段。但是特殊目的通过同他人的关系就取得了普遍性的形式，并且在满足他人福利的同时，满足自己。"[2] 这表达的就是亚当·斯密的"看不见的手"理论，市民社会以个人私利和个人自由为立足点，市场可以自发地将个人私利引向社会共同目标和公共福利，从而实现特殊性与普遍性的统一。对于自由主义乐观心态，黑格尔并不认同，他同样指出，市民社会是个人私利的战场，是一切人反对一切人的战争，它是私人利益与特殊的公共事务冲突的舞台，也是它们两者共同跟国家的最高观点和制度冲突的舞台。黑格尔指出，市民社会自

---

[1] [美]约翰·麦克里兰：《西方政治思想史》（下册），彭淮栋译，海南出版社、人民出版社2010年版，第633页。

[2] [德]黑格尔：《法哲学原理》，范扬、张企泰译，商务印书馆2009年版，第197页。

> **知识链接**
>
> **国民经济学**
>
> 一般来说，这里的国民经济学就是后来我们所讲的政治经济学或者说是古典政治经济学的概念，是当时的德国针对英法两国的资产阶级政治经济学所提出的概念。德国人认为政治经济学的研究，是为了使人们获得最大福利的科学，因此，政治经济学也被等同于国家学。英国经济学家亚当·斯密认为，政治经济学是关于物质财富的生产、分配和消费规律的科学。

由竞争必然导致劳动的分化、贱民阶层的出现、社会公平和传统伦理道德的丧失等。在法哲学视域中，市民社会的政治合法性在于它对个人财产权和个体自由的辩护，这就是自由主义所讲的"自然权利"。黑格尔显然继承了启蒙理性精神，承认自由主义的价值，但更为重要的是，他意识到市民社会和市场经济的局限性，"仅仅纯粹市场经济的自由，而没有公共政治生活的自由，没有人的内在道德自由精神，则不可能有人的自由存在"[1]。市民社会给予人的自由是"主观自由""任性自由"，而不是真正的客观的、理性的自由。这是其一。其二是市民社会以个人的特殊利益为目的，与普遍的公

---

[1] 高兆明：《黑格尔〈法哲学原理〉导读》，商务印书馆 2010 年版，第 451 页。

共利益相矛盾。市民社会建立在个人之间的分裂与冲突基础上,没有实现人与人之间的理性和解、自由联合。市民社会的限度就表现为"伦理的丧失"。自由主义所标榜的"自由国家"同样受到黑格尔的批判。自由主义以自然权利论和契约论为思想基础来说明自由国家的起源和价值根基。在国家起源问题上,自由主义主张"社会先于国家",在产生国家之前,人们处在"自然状态"下,每个人拥有与生俱来的自然权利,为了解决无谓的冲突,人们让渡部分权利,订立契约,组成国家。在价值层级上,它主张"社会高于国家",社会中的个人利益和权利具有价值优先性,国家仅仅是保护个人追求自我利益和仲裁个人利益冲突的工具。黑格尔反对把国家的产生理解为个人之间的契约。契约是以单个人的任性、意见和随心表达的同意为基础,这损害了国家的绝对的权威和尊严。他同样反对把国家降低为市民社会,批判"把国家当做达到目的的一个单纯手段的自由主义观点"[1]。"如果把国家同市民社会混淆起来,而把它的使命规定为保证和保护所有权和个人自由,那末单个人本身的利益就成为这些人结合的最后目的。由此产生的结果是,成为国家成员是任意的事。"[2] 真正的、正义的国家不能以"私利""任性"为基础,必须以客观必然性和普遍理性为基础。可见,自由国家并没有解决市民社会的内在冲突问题,恰恰相反,它处处复归于市民社会。

是否存在超越市民社会和自由国家的力量?黑格尔提出了"伦

---

[1] [德]卡尔·洛维特:《从黑格尔到尼采:19世纪思维中的革命性决裂》,李秋零译,生活·读书·新知三联书店2006年版,第328页。

[2] [德]黑格尔:《法哲学原理》,范扬、张企泰译,商务印书馆2009年版,第254页。

理国家"概念。伦理国家解决了市民社会与政治国家、特殊利益与普遍利益、私利与公共善、主观自由与客观自由之间的二元对峙，将它们整合到普遍共同体中，实现了理性的和解。这种和解是市民社会的个人主义原则与国家的集体主义原则、各自独有的特殊性与政治上的普遍性的调和。实际上，伦理国家扬弃了市民社会，将其包含在自身之中。这便是"国家高于市民社会"的政治哲学的解读。黑格尔在这里，实际上是从应然意义上来说明"国家高于市民社会"的，其政治意图就是批判自由主义，寻求解决自由主义危机的政治方案。

马克思在《批判》中当然意识到黑格尔这一深刻的洞见。马克思对市民社会的理解及其批判都是以黑格尔法哲学为基础的，超越市民社会的"真正民主制"也是黑格尔"政治共同体"的翻版。马克思真正的不满在于，黑格尔以普鲁士的君主立宪制来作为超越市民社会的"理想国家"；以保守主义方案来替代自由主义，是时代的错乱，洋溢着"中世纪精神"。马克思与黑格尔分道扬镳，是在国家的中立性和正义性问题上。在主权问题上，马克思认为王权并不具有真正的客观性和普遍性，而是建立在君主的"任意"上，只有民主制才代表人民的自由意志和普遍利益，"只有民主制才是普遍和特殊的真正统一"[1]。在官僚政治上，马克思指出官僚阶层并不代表真正的普遍利益，而无法解决市民社会的阶级冲突问题，反而形成新的阶级利益使公民的冲突更加复杂。在立法问题上，黑格尔以君主、官僚人员和等级要素为立法主体，它将贵族、资产阶级及其余阶级建制化，与"普遍事务"的处理相去甚远。由此可见，黑

---

[1]《马克思恩格斯全集》第3卷，人民出版社2002年版，第40页。

格尔的"伦理国家"无法在各阶级利益发生冲突的时候保持中立，更谈不上正义。"黑格尔的国家不但不能对社会采取超脱、普遍的观点，以便克服异化，反而本身就是异化事实上继续存在的证据。"[1] 黑格尔法哲学和国家哲学给予青年马克思的启示是重大的。一方面，马克思接受了黑格尔的任务：继续批判自由主义并积极寻求替代方案；其基本分析框架也是黑格尔式的：扬弃市民社会的原子化和内在分裂，重建实质的伦理共同体。另一方面，马克思放弃了保守主义的方案，放弃了在市民社会之外、通过"理性设计"构建一个"普遍国家"的做法。建构一个"高于市民社会的国家"根本无法超越市民社会、超越自由主义价值谱系。

（二）对自由主义的政治批判

《批判》的成果或黑格尔法哲学和国家哲学对于马克思的意义在于：继续自由主义的批判及其超越任务。这项任务在《论犹太人问题》和《〈黑格尔法哲学批判〉导言》中充分展开：对以"政治解放"为核心的资产阶级自由主义主张展开彻底批判。这使马克思脱离了古典自由主义以及启蒙主义传统，确立了激进民主主义方向并最终通向了社会主义和共产主义。

在《批判》中，为了反对君主立宪制，马克思越过黑格尔返回到契约论传统，强调自由民主制度的积极意义，而在《论犹太人问题》中，马克思返回到黑格尔的基本立场上，揭示出自由国家

---

[1] [美]约翰·麦克里兰：《西方政治思想史》（下册），彭淮栋译，海南出版社、人民出版社2010版，第642页。

的"利己性"和"虚假性"。自由国家（以及自由民主制度）被资产阶级大为褒扬，被视为人的自由平等载体，是人的普遍性之实现。"国家是以自己的方式废除了出身、等级、文化程度、职业的差别。"[1] 政治国家成为现代人的"伦理共同体"。"完成了的政治国家，按其本质来说，是人的同自己物质生活相对立的类生活。"[2] 马克思揭露了资产阶级政治国家的特殊性和虚假性。国家根本没有废除私有财产、出身、等级、文化程度、职业等实际差别，实际上是依靠它们发挥作用并表现出它们的特殊本质。"在国家中，即在人被看作是类存在物的地方，人是想像中的主权中虚构的成员；在这里，他被剥夺了自己现实的个人生活，却充满了非现实的普遍性。"[3] 真实的情况是，政治国家的建立与市民社会私人的形成是同步的，"国家的唯心主义的完成同时就是市民社会的唯物主义的完成"[4]。资产阶级革命所建立的政治国家并没有从根本上变革市民社会，消灭人的分化生存，实现人的"实质平等"（经济平等）；恰恰相反，"它把市民社会，也就是把需要、劳动、私人利益和私人权利等领域看作自己持续存在的基础，看作无须进一步论证的前提，从而看作自己的自然基础"[5]。可见，作为政治解放的重要成果的"自由国家"并不是人的"类生活"的实现，它并没有解决现代人的二重性存在问题："政治解放一方面把人归结为市民社会的成员，归结为

---

[1] 《马克思恩格斯全集》第 3 卷，人民出版社 2002 年版，第 172 页。
[2] 同上。
[3] 同上书，第 173 页。
[4] 同上书，第 187 页。
[5] 同上书，第 188 页。

利己的、独立的个体,另一方面把人归结为公民、归结为法人。"[1]

人权是政治解放的最重要的成果,也是资产阶级自由主义的核心价值。而在马克思看来,政治解放所承诺的自由、平等、民主等资产阶级人权是抽象的、消极的和虚假的——是形式的而非实质的。马克思同样延续着黑格尔对自然权利,即抽象权利传统的批判。现代社会的抽象二元性一方面表现为市民社会与国家的对立,另一方面又表现为人的个体性存在与社会性存在之间的矛盾。马克思立足于这一黑格尔式的二元论框架分析了资产阶级核心价值。马克思指出,资产阶级之人权无非是市民社会成员的"自然权

---

[1]《马克思恩格斯全集》第 3 卷,人民出版社 2002 年版,第 189 页。

《黑格尔法哲学批判》收入人民出版社 2002 年出版的《马克思恩格斯全集》第 3 卷↑

第四章 《黑格尔法哲学批判》与青年马克思政治批判 153

利"，是"同其他人并同共同体分离开来的权利"[1]。市民社会成员的权利与政治共同体之权利体现为人权与公民权的对立。自由同样是市民社会意义上的自由，是"人作为孤立的、退居于自身的单子的自由"[2]。"自由这一人权不是建立在人与人相结合的基础上，而是相反，建立在人与人相分隔的基础上。这一权利就是这种分隔的权利，是狭隘的、局限于自身的个人的权利。"[3] 马克思把资产阶级的自由归结为与共同体自由相对立的私人自由，并且这样的自由是以私有财产为基础的。"自由这一人权的实际应用就是私有财产这一人权。"[4] 马克思总结道："任何一种所谓的人权都没有超出利己的人，没有超出作为市民社会成员的人，即没有超出作为退居于自身，退居于自己的私人利益和自己的私人任意，与共同体分隔开来的个体的人。在这些权利中，人绝对不是类存在物，相反，类生活本身，即社会，显现为诸个体的外部框架，显现为他们原有的独立性的限制。"[5] 马克思批判资产阶级自由主义将拥有消极自由、形式自由的人视为"本来意义上的人""真正的人"。

毫无疑问，马克思在《德法年鉴》时期的政治批判接续了黑格尔批判自由主义的基本方法，但本质性差异也显现了出来。马克思在《批判》中尽管着重批判黑格尔的保守主义方案，但并未找到克服自由主义的真正道路。在《论犹太人问题》和《〈黑格尔法哲学批判〉导言》中，马克思意识到黑格尔对自由主义的批判不过

---

[1] 《马克思恩格斯全集》第3卷，人民出版社2002年版，第182—183页。
[2] 同上书，第183页。
[3] 同上。
[4] 同上。
[5] 同上书，第184—185页。

是"宗教批判"或"理性批判",不过是设想通过国家来限制市民社会,其政治立场仍然是维护现代市民社会和资本主义秩序。可见,意大利黑格尔专家洛苏尔多的观点是正确的。他把黑格尔视为自由主义的内在批判者,从未脱离自由主义传统。马克思不再幻想通过国家限制市民社会、在市民社会之外寻求"伦理共同体",而是直接取消市民社会、取消作为私人的个人与作为公民的人之间的分裂。只有市民社会自身的革命才能动摇自由主义的基础,"伦理共同体"或"人的自由联合体"不在市民社会之外的"抽象国家",而是从市民社会内在矛盾、内在危机"生长"出来的。政治批判的规范基础是以"人类解放"为核心的社会主义和共产主义价值。政治解放(黑格尔的保守主义方案复归于政治解放)没有动摇市民社会的基础和克服市民社会的分化性,它所承诺的自由、民主、平等只是私有产权的"自然权利",掩盖了人们在经济生活中的"实质不平等"。人类解放乃是超越政治解放的限度,把政治革命进一步推进为经济革命和社会革命,给予人们以"真正的自由"和"实质的平等",实现人的真正"类本质"。由此可见,人类解放指的乃是"类本质"的复归,其核心是"真正的自由",所以马克思以"真正的民主制"(自由、民主在马克思看来几乎是同一个东西)构想为"类本质"的建制化。黑格尔和马克思同样以"伦理共同体"为批判市民社会的规范标准。但黑格尔的"伦理国家"建立在市民社会的彼岸,以古代城邦为标本;马克思的"自由人联合体"建立在市民社会的此岸,自我对抗、自我矛盾的市民社会蕴含着"自由的力量"。普遍阶级(无产阶级)通过感性革命的方式消灭私有制,消除资本主义制度中的私人性与公共性、形式自由与实质自由的矛盾,实现人与人之间的真正联合。

总而言之，《批判》《论犹太人问题》《〈黑格尔法哲学批判〉导言》等著作的主题是政治批判。以往我们的研究弱化了这一点，特别是我们仅仅从世界观转变角度来解读《批判》，缺少了政治哲学和政治批判角度的介入。《批判》的成果不仅仅在于哲学唯物主义原则的确立，还在于自由主义批判主题的凸显。马克思通过黑格尔法哲学的中介，意识到对自由主义展开政治批判的必要性，并接受了黑格尔批判的基本思路。马克思在《论犹太人问题》《〈黑格尔法哲学批判〉导言》中借助于黑格尔的基本方法继续批判自由主义。当然，马克思从一开始就拒斥黑格尔通过"国家"超越自由主义的方案，主张把政治解放推进到人类解放、把政治革命（国家建构）推进到社会革命，彻底超越资本主义政治制度和自由主义传统，走向了社会主义和共产主义。青年马克思（以及黑格尔）对自由主义的批判思想对于我们反思当代自由主义思潮仍然有指导意义。

二、政治批判的两种理论效应

我们在前面说过，不能仅仅基于从唯心史观到唯物史观的世界观转变（当然这也是很重要的）角度解读《批判》等著作，应当凸显它们的政治批判主题，应当阐释青年马克思在这些著作中所展开的法哲学研究、对自由主义的批判等内容。在此基础上，本节的主要任务是探寻政治批判所造成的两种理论效应：一是它实现了马克思研究重心由"国家"到"市民社会"的转变（以及法哲学研究到经济学研究的转变），是促成唯物史观形成的不可或缺的因素；二是它导致了青年马克思与自由主义政治传统的切割，推动马克思走入激进民主主义，并最终通向了社会主义和共产主义。

(一) 研究重心的转移

列宁曾说过，马克思在《德法年鉴》时期实现了从唯心主义向唯物主义、从革命民主主义向共产主义的转变。但对于转变的具体细节语焉不详。我们认为，政治批判是青年马克思实现转变的重要环节。马克思围绕黑格尔法哲学和国家哲学展开的政治批判，是马克思迈向唯物史观的转折点，在唯物史观的形成过程中起着不可或缺的作用。此种促成作用体现在两个方面：一是通过政治批判，实现了研究重心由"国家"向"市民社会"的转变，得出了"市民社会决定国家"的结论；二是通过政治批判，实现了从法哲学研究到经济学分析、从政治批判到政治经济学批判的转变，促使马克思从经济的角度研究市民社会。

市民社会和国家的关系的确是《批判》的中心问题，该问题的正确解答，也是马克思迈向唯物史观的关键点。但真正使马克思初步意识到市民社会重要性的是"物质利益难题"的困惑，它向青年马克思的理性主

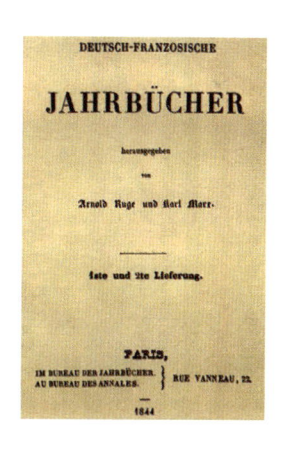

《德法年鉴》1844年2月在巴黎出版，图为《德法年鉴》1—2期合刊↑

的国家观和世界观发起了挑战，而政治批判则成为马克思解决困惑的基本路径："为了解决使我苦恼的问题，我写的第一部著作是对黑格尔法哲学的批判性的分析。"[1] 可见，反思并批判黑格尔法哲学和国家哲学是马克思最终能够触及市民社会与国家关系、发现市民社会重要性的真正起点。不仅如此，政治批判也是马克思正确解答市民社会与国家关系的基本方法和路径。传统的解释总是认为，马克思完全依赖于费尔巴哈的"主谓颠倒"的方法来批判黑格尔法哲学，得出了市民社会决定国家的观点。我们并不否认费尔巴哈方法的作用，事实上，费尔巴哈的《关于哲学改造的临时纲要》为当时彷徨的马克思指明了方向，马克思在批判黑格尔国家观时也的确有费尔巴哈方法的痕迹："黑格尔在任何地方都把观念当作主体，而把本来意义上的现实的主体……变成了谓语。而发展却总是在谓语方面完成的。"[2] 问题的关键在于，"费尔巴哈"能否将"黑格尔"扳倒，"马克思"完全等同于"费尔巴哈"？事实上并不是如此。费尔巴哈的自然主义方法与黑格尔深刻的历史的、政治的唯心史观相比是"惊人的贫乏"。马克思已然意识到费尔巴哈的缺陷。在1843年给卢格的信中，马克思强调应"更多地联系对政治状况的批判来批判宗教，而不是联系对宗教的批判来批判政治状况"[3]，并批评他"强调自然过多而强调政治过少"。马克思意识到费尔巴哈宗教批判的直观唯物主义和人本学的缺陷，"政治维度"成为两人的分界点。青年马克思对"政治维度"的重视，决定了《批判》的最重要的主

---

[1] 《马克思恩格斯选集》第 2 卷，人民出版社 1995 年版，第 32 页。
[2] 《马克思恩格斯全集》第 3 卷，人民出版社 2002 年版，第 14 页。
[3] 《马克思恩格斯选集》第 4 卷，人民出版社 1995 年版，第 528 页。

题仍然是黑格尔的国家哲学。马克思也正是在对黑格尔国家哲学的政治批判过程中，不断厘清市民社会与国家之间的关系，不断从国家转向市民社会。由此可见，我们决不能将马克思在市民社会与国家的关系上的探索完全倒向费尔巴哈的"主谓颠倒"，而将政治批判一笔勾销，忽视政治批判的重要性。

正是由于政治批判的本质性介入，马克思才能从国家的层层"包裹"中剥离出市民社会，不断清晰地洞悉到市民社会的重要性。

第一，坚决反对黑格尔将市民社会消融到国家之中，坚持市民社会与政治国家的二分。黑格尔在批判性分析古典经济学和启蒙政治思想基础上已然洞悉到现代世界的危机，其法哲学表达就是市民社会与国家的分裂。马克思不无赞誉地指出："黑格尔觉得市民社会和政治社会的分离是一种矛盾，这是他的著作中比较深刻的地方。"[1] 然而黑格尔的错误在于他试图借助于以古代城邦为原型的"伦理国家"来扬弃抽象的、利己的需要体系，解决市民社会与政治国家的二元对立。"他（黑格尔——引者注）的愿望是市民生活和政治生活不分离。"[2] "黑格尔知道市民社会和政治国家的分离，但他打算使国家的统一能表现在国家内部。"[3] 黑格尔坚持"国家高于市民社会"、将市民社会消融于抽象国家中的确有唯心主义方法论根源。马克思肯定意识到了这一点，但他并不拘泥于此，还从政治批判的角度加以理解。在中世纪，物质的经济生活与公共的政治生活、私人等级与政治等级、市民社会与政治社会是同一的，国家的原则就

---

[1] 《马克思恩格斯全集》第3卷，人民出版社2002年版，第94页。
[2] 同上书，第93页。
[3] 同上。

是市民社会的原则。黑格尔实际上以中世纪的共同体来解决现代世界市民社会与国家的分裂，其政治立场是维护君主专制的保守主义。马克思显然是不满意这样的"中世纪精神"，激烈批判黑格尔在市民社会与国家分离问题上的保守主义立场，指出市民社会与国家分离、两者二分的"政治意义"：它使等级制转变为代表制；它使权力的分立（权力制衡）成为必要；它确立了人权和公民权的原则。包括政治批判在内的诸多因素促使马克思坚持市民社会与国家的二分，对马克思思想发展起着重要作用：坚持市民社会与国家二分就是坚持经济与政治的二分，要揭示市民社会的结构，就必须从国民经济学角度研究，这为马克思发现作为唯物史观基础的"物质的经济关系"起到了决定性作用；它使马克思将研究的重心从国家转向市民社会，并意识到依靠国家不能解决市民社会的矛盾，而只有依靠市民社会本身的物质力量。[1]

第二，批判君主主权，提出人民主权和民主制，从人的现实活动和社会存在方式来理解国家制度。在国家问题上，黑格尔意识到卢梭、费希特等人的契约论思想的缺陷，对自由主义展开了批判。但他的方案走向了君主制。在某种意义上，马克思绕过了黑格尔而返回到卢梭等人所开创的契约论传统。马克思用人民主权理论对抗黑格尔的君主主权理论，用民主制对抗君主制。围绕国家主权展开的政治批判，马克思逐步从人民的现实生活和活动方式出发来看待国家和国家制度。"黑格尔从国家出发，把人变成主体化的国家。民主制从人出发，把国家变成客体化的人。"[2] 马克

---

[1] 参见韩立新：《从国家到市民社会：马克思思想的重要转变——以马克思〈黑格尔法哲学批判〉为研究中心》，《河北学刊》2009年第1期。

[2] 《马克思恩格斯全集》第3卷，人民出版社2002年版，第40页。

> **知识链接**
>
> **卢梭**
>
> 一般指让-雅克·卢梭（1712—1778年），法国伟大的启蒙思想家、哲学家、教育家、文学家，启蒙运动最具代表性的人物之一。主要著作有《论人类不平等的起源和基础》《社会契约论》《爱弥儿》《忏悔录》《新爱洛伊丝》等。

思把国家和国家制度理解为人民现实活动的产物，它们不过是人的社会特质的存在方式。"国家制度不仅自在地，不仅就其本质来说，而且就其存在、就其现实性来说，也在不断地被引回到自己的现实的基础、现实的人、现实的人民，并被设定为人民自己的作品。"[1]

第三，批判官僚政治，揭示其背后的特殊利益。黑格尔认为官僚机构代表着国家精神和普遍利益。马克思打破了黑格尔在官僚政治上的幻想，揭示出官僚政治的实质：国家形式主义。官僚政治的精神只是"形式的国家精神"，它真正的精神是市民社会的同业公会精神，是物质利益精神。官僚政治是"粗陋的唯物论"，马克思意识到官僚政治不是由国家理性和普遍利益所规定的，而是由市

---

[1]《马克思恩格斯全集》第3卷，人民出版社2002年版，第39—40页。

民社会及其特殊物质利益所决定的；意识到市民社会物质利益对官僚政治的决定性支配作用。

第四，在立法权分析过程中，洞察到私有财产对法和立法权的制约作用。马克思在《批判》手稿后半部分论述到长子继承制和私有财产。马克思认识到，私有财产是国家的本质意义之所在，是国家法权的真正主体。一方面，私有财产决定了国家与法（特别是立法权）；另一方面，国家法律和立法权的任务在于确认和保护私有财产，是为私有财产服务的。地产所有者的所有权是通过国家的立法形式而加以确立的，并得到社会的普遍认可。作为自由意志的体现，立法权

马克思对君主主权进行了彻底性批判，图为出行中的英国君主维多利亚女王 文化传播/供图↑

"除了私有财产的内容外缺乏任何其他内容"[1]。

"市民社会决定国家"显然不能完全等同于唯物史观的经典表述"经济基础决定上层建筑"。马克思之所以能创建唯物史观，不仅仅在于哲学唯物主义原则的确立，更在于通过政治经济学批判充实唯物史观的坚实大厦。而马克思在《德法年鉴》时期的政治批判为他从事经济学研究和政治经济学批判提供了内在前提和基础。我们可以从两个方面来说明。

第一，通过对黑格尔法哲学的政治分析及批判，马克思接触到作为经济学范畴的市民社会概念，引导着他从事经济学研究。马克思将黑格尔法哲学作为研究的出发点，除了"物质利益难题"和恩格斯论文的影响，一个重要的原因在于：马克思通过对黑格尔法哲学的政治批判直接触及德国的"当代现实"。在《〈黑格尔法哲学批判〉导言》中，马克思指出，"德国的法哲学和国家哲学是惟一与正式的当代现实保持在同等水平上 [al pari] 的德国历史"[2]，而"德国的国家哲学和法哲学在黑格尔的著作中得到了最系统、最丰富和最终的表述"[3]。马克思的分析是深得要领的。黑格尔以其独特的国家哲学的形式表达出那个时代的经济生活和社会现实。系统研究过青年黑格尔的卢卡奇指出，黑格尔的法哲学"乃是从他研究资本主义社会问题，研究经济学问题里生长出来的"[4]。在当时，黑格尔是认真研究过英国工业革命，将英国古典经济学问题与哲学问题结合起来的唯一德国思想家。可见，在黑格尔那里，市民社会是一个经

---

[1] 《马克思恩格斯全集》第3卷，人民出版社2002年版，第127页。
[2] 同上书，第205页。
[3] 同上书，第206页。
[4] [匈] 卢卡奇:《青年黑格尔》，王玖兴译，商务印书馆1963年版，第140页。

济学概念，或者说是以古典经济学为背景的法哲学范畴。尽管马克思运用了费尔巴哈的批判方法实现了市民社会与国家的关系的"颠倒"，但实际上马克思接受了黑格尔的市民社会概念，马克思在《批判》《论犹太人问题》《〈黑格尔法哲学批判〉导言》等著作中，没有超出特殊性原则、利己主义、私有财产、需要体系等要素来理解市民社会。因此，正是由于黑格尔法哲学，特别是市民社会概念引导着马克思关注国民经济学，指引着他从经济学角度分析作为经济社会的市民社会。

第二，在对市民社会批判过程中，马克思发现了法哲学和政治批判的限度，进一步明确了从政治经济学角度剖析市民社会的必要性。马克思批判黑格尔法哲学的一个积极成果，就是实现了从国家到市民社会的转移，意识到导致现代人自我异化的根源在市民社会。但马克思在《论犹太人问题》《〈黑格尔法哲学批判〉导言》中仍然是囿于法哲学框架批判市民社会的。虽然马克思也洞察到市民社会的金钱本质、私有财产是市民社会的基础，但他仍然是在资产阶级法权意义上来论及金钱本质和私有产权的。他也提出无产阶级的概念，指出无产阶级是实现人类解放的担当者。但不可否认，马克思在这里几乎是在黑格尔"普遍等级"意义即政治意义上使用的，根本没有对无产阶级的经济规定作出科学的分析。马克思也坦率承认，当时，他几乎没有经济学方面的知识。但不管怎么说，马克思充分意识到，市民社会的人们受经济活动的规定，要从他们的实践中寻求市民社会的克服和人的解放，就必须从经济学角度来分析问题。"从法哲学的角度对市民社会所作的分析已经达到了极限，自然而然地要求从其他角度，也就是从经济的角度来分析市民社会。"[1] 一句话,"对市民社会的解剖应该到政治经济学中去寻求"。马克思转入经济学研究对唯物史观的开启至关重要。在这里,我们更为关注的乃是,对政治批判的意义要有所领会。要从政治经济学批判的"原则高度"研究市民社会,是通过对市民社会进行法哲学的分析和政治批判才明确的;政治批判使马克思充分意识到启蒙传统局限性,进而使马克思在进行经济学研究的时候避免遁入启蒙实证主义窠臼中。总而言之,法哲学分析和政治批判是经济学分析和政治经济学批判的前提和基础。日本学者城冢登认为,两者构成了一种"立体结构"[2]。

(二)政治立场的转变

我们丝毫不怀疑马克思经历过启蒙主义和自由主义阶段。伯尔基甚至认为自由主义是马克思主义发源的母体。"马克思主义确实发源于自由主义,它采纳并改编了自由主义的价值和总体看法,而且,如果没有自由主义这一广阔背景,马克思主义将是不可思议也不会存在。"[3] 即便如此,伯尔基也不得不承认,马克思最终从政治、社会和哲学等诸方面出发彻底告别自由主义世界。马克思在《德法年鉴》时期的一项主要任务就是对以"政治解放"为核心的资产阶级自由主义主张展开彻底批判。这使马克思脱离了古典自由主义以

---

[1] [日]城塚登:《青年马克思的思想——社会主义思想的创立》,尚晶晶、李成鼎等译校,求实出版社1988年版,第66页。

[2] 同上。

[3] [英]伯尔基:《马克思主义的起源》,伍庆、王文扬译,华东师范大学出版社2007年版,第50—51页。

及启蒙主义传统，确立了激进民主主义方向并最终通向了社会主义和共产主义。

正如前文所指出，所谓政治解放，简单讲来，就是国家从宗教的束缚中被解放出来，成为"自由国家"。自由国家（以及自由民主制度）被资产阶级大为褒扬，被视为人的自由平等载体，是人的普遍性之实现。"国家是以自己的方式废除了出身、等级、文化程度、职业的差别。"[1]政治国家成为现代人的"伦理共同体"。"完成了的政治国家，按其本质来说，是人的同自己物质生活相对立的类生活。"[2]马克思揭露了资产阶级政治国家的特殊性和虚假性。国家根本没有废除私有财产、出身、等级、文化程度、职业等实际差别，实际上是依靠它们发挥作用并表现出它们的特殊本质。"在国家中，即在人被看作是类存在物的地方，人是想像中的主权中虚构的成员；在这里，他被剥夺了自己现实的个人生活，却充满了非现实的普遍性。"[3]真实的情况是，政治国家的建立与市民社会私人的形成是同步的，"国家的唯心主义的完成同时就是市民社会的唯物主义的完成"[4]。资产阶级革命所建立的政治国家并没有从根本上变革市民社会，消灭人的分化生存，实现人的"实质平等"（经济平等）；恰恰相反，"它把市民社会，也就是把需要、劳动、私人利益和私人权利等领域看作自己持续存在的基础，看作无须进一步论证的前提，从而看作自己的自然基础"[5]。可见，作为政治解放的

⋮

[1]《马克思恩格斯全集》第 3 卷，人民出版社 2002 年版，第 172 页。
[2] 同上。
[3] 同上书，第 173 页。
[4] 同上书，第 187 页。
[5] 同上书，第 188 页。

重要成果的"自由国家"并不是人的"类生活"的实现，它并没有解决现代人的二重性存在问题："政治解放一方面把人归结为市民社会的成员，归结为利己的、独立的个体，另一方面把人归结为公民、归结为法人。"[1]

人权是政治解放的最重要的成果，也是资产阶级自由主义的核心价值。而在马克思看来，政治解放所承诺的自由、平等、民主等资产阶级人权是抽象的、消极的和虚假的——是形式的而非实质的。马克思仍然借助于法哲学框架展开说明。现代社会的抽象二元性一方面表现为市民社会与国家的对立，另一方面又表现为人的个体性存在与社会性存在之间的矛盾。马克思立足于这一二元论框架分析了资产阶级核心价值。马克

《人权宣言》是在法国大革命时期颁布的纲领性文件，宣告了人权、法治、自由、分权、平等和保护私有财产等基本原则。图为1789年颁布的《人权宣言》 文化传播 / 供图↑

---

1 《马克思恩格斯全集》第 3 卷，人民出版社 2002 年版，第 189 页。

思指出，资产阶级之人权无非是市民社会成员的"自然权利"，是"同其他人并同共同体分离开来的权利"。市民社会成员的权利与政治共同体之权利体现为人权与公民权的对立。自由同样是市民社会意义上的自由，是"人作为孤立的、退居于自身的单子的自由"。"自由这一人权不是建立在人与人相结合的基础上，而是相反，建立在人与人相分隔的基础上。这一权利就是这种分隔的权利，是狭隘的、局限于自身的个人的权利。"[1] 马克思把资产阶级的自由归结为与共同体自由相对立的私人自由，并且这样的自由是以私有财产为基础的。"自由这一人权的实际应用就是私有财产这一人权。"[2] 马克思总结道："任何一种所谓的人权都没有超出利己的人，没有超出作为市民社会成员的人，即没有超出作为退居于自身，退居于自己的私人利益和自己的私人任意，与共同体分隔开来的个体的人。在这些权利中，人绝对不是类存在物，相反，类生活本身，即社会，显现为诸个体的外部框架，显现为他们原有的独立性的限制。"[3] 马克思批判资产阶级自由主义将拥有消极自由、形式自由的人视为"本来意义上的人""真正的人"。

政治批判的规范基础是以"人类解放"为核心的社会主义和共产主义价值。政治解放没有动摇市民社会的基础和克服市民社会的分化性，它所承诺的自由、民主、平等只是私有产权的"自然权利"，掩盖了人们在经济生活中的"实质不平等"。人类解放乃是超越政治解放的限度，把政治革命进一步推进为经济革命和社

---

[1] 《马克思恩格斯全集》第 3 卷，人民出版社 2002 年版，第 183 页。
[2] 同上。
[3] 同上书，第 184—185 页。

革命，给予人们以"真正的自由"和"实质的平等"，实现人的真正"类本质"。由此可见，人类解放意指的乃是"类本质"的复归，其核心是"真正的自由"，所以马克思将"真正的民主制"构想为"类本质"的建制化。

马克思对自由主义的政治批判在以后的自由主义者那里得到回应。20世纪自由主义理论乃至整个政治哲学的发展之"重要事件"必然无法遗漏伯林对自由的两种区分：消极自由和积极自由。有些人（如雷蒙·阿隆）区分为形式自由和实质自由。也有人（如韦尔默）称之为个人主义自由和共同体主义自由。现代世界的危机在很大程度上体现为政治哲学的表达：消极自由与积极自由、形式自由与实质自由、个人自由与共同体自由之间的紧张关系。在此背景下，诸多自由主义者把马克思的政治批判定性为：对任何形式的消

知识链接

伯林

伯林（1909—1997年），英国哲学家和政治思想史家，20世纪最著名的自由主义知识分子之一。伯林对自由主义理论的论述影响深远，他在1958年的演说"两种自由概念"中，区分了积极自由和消极自由，对以后的关于自由和平等的关系讨论产生了极大的影响。

极自由以及以消极自由为建制化的市民社会的彻底批判。它的批判的规范基础是积极自由以及以积极自由为基本建制的伦理共同体。自由主义者强调的是消极自由的"积极意义"和积极自由的"消极意义"。马克思实际上是低估了消极自由（以及普遍人权和法制等）对于现代世界的构成性意义，完全否认了消极自由对于现代人生存和发展的意义。比如，在托克维尔与马克思、形式自由与实质自由之间，阿隆倒向了前者，并批评马克思轻视了形式自由、自由民主制度以及个人的自由—独立、自由—参与的规范价值。就连哈贝马斯和韦尔默这样的共同体主义者也指出了马克思低估了个体自由对于实现共同体自由所具有的基础性地位。"没有对所有人的平等的消极自由的建制化作为基础，现代世界中的共同体自由就根本是不可想象的。"[1] 自由主义者对马克思政治批判的回应，除此之外，还包括：马克思政治批判所依赖的"真正的自由"、实质民主等概念是抽象的和乌托邦的；这种乌托邦的人道主义在实践过程中会带来灾难性后果。比如，伯林指出积极自由借助于"真实的自我"实现对经验个体的统治，侵蚀了个体的最低限度的自由领域，其现实形态就是苏联的专制主义统治。阿隆指出马克思的"实质自由"是一种乌托邦。"创造所有人都能在其整个生活中真正地实现民主理想的社会，显然就是青年时代的马克思的思想所追求的乌托邦。"[2] 他同样把形式自由与实质自由的区分运用到西方自由民主制度与苏维埃专制制度之间的对比中。显然，在他看来，马克思的抽象"实

---

[1] [德] 韦尔默:《后形而上学现代性》，应奇、罗亚玲编译，上海译文出版社2007年版，第211页。

[2] [法] 雷蒙·阿隆:《论自由》，姜志辉译，上海译文出版社2009年版，第20页。

质自由"肯定要为苏联社会主义的奴役负思想上的责任。韦尔默的批评同样如此:"在马克思主义理论的乌托邦视界与东方集团的压制性实践之间确实有一种内在的联系。"[1]在他看来,马克思的"真正的自由"、实质民主只是一种抽象的乌托邦,它的实现必然蜕变为社会主义的专制统治。只要细细甄别,我们就可以发现,自由主义者所有的诘难有一个基本前提:马克思将消极自由与积极自由、形式自由与实质自由抽象对立起来。由此,他们把马克思"打扮"成彻底抛弃政治自由和自由民主制度、反自由反民主的专制辩护者。真实的情况是,马克思从未否认政治解放以及形式自由的历史进步性,"实质自由"绝不是对"形式自由"的抽象否定,而是一种"积极的扬弃",批判形式自由的限度,而将其积极的东西占为己有。此外,马克思的"实质自由"以及人类解放绝不是建立在伦理主义基础上的抽象道德,而是一种建立在以往一切社会发展的文明成果基础上的现实的社会运动。可见,马克思在对资本主义工业文明和自由民主制度文明的否定理解中包含着肯定的理解,它们为"实质自由"的建制化和人类解放的实现提供了物质基础和基本条件。

我们所阐述的政治批判的两种面向或理论效应,实际上也反证了青年马克思政治批判思想的重要性。完整准确地把握青年马克思思想发展历程,的确离不开他的政治思想。其实,正是由于青年马克思政治批判及其两种理论效应的介入,我们才能更好地理解列宁说的"两个转变"。政治批判所引发的从国家到市民社会的重心转

---

[1] [德]韦尔默:《后形而上学现代性》,应奇、罗亚玲编译,上海译文出版社2007年版,第250页。

移,与"第一个转变"相契合;政治批判导致的马克思与自由主义政治传统的切割,是"第二个转变"的重要说明和补充,正是由于马克思脱离了古典自由主义传统,才使他从革命民主主义转向共产主义成为可能。当然,也只有结合"两个转变",才能更好地解读《批判》,避免片面性。

三、政治批判与青年马克思人本主义思想

　　本章主要指出政治批判构成了《批判》以及《论犹太人问题》《〈黑格尔法哲学批判〉导言》等著作的思想主题。马克思在该时期对国家、民主、人的本质等方面的探讨,基本都离不开政治批判这个核心视域。马克思对人的存在与发展的探讨,同样置于政治批判的理论范式下。在第二章,我们已总体上概括了《批判》中的人本主义思想,在这里,我们再次阐释马克思人本主义思想,其主要意图在于说明,马克思在该时期主要是在法哲学框架、政治批判视域下,展开对现代人的异化状态的批判以及揭示人的真正本质。当然,为了整体上揭示青年马克思人本主义思想全貌,我们在本节不仅梳理了《批判》等著作(即政治批判主题)所呈现出来的人本主义思想[1],而且也梳理了《1844年经济学哲学手稿》中所呈现出来的人本主义思想。当然,我们的着重点在于揭示前者。

　　与哈贝马斯亦师亦友的韦尔默曾指出马克思主义人本主义(人道主义)有两种基本形式。第一种形式主要体现在《1844年经济

---

[1] 为了清晰阐释,前文关于政治批判的相关内容在本节中又有所涉及。

学哲学手稿》中,"着重讨论的范畴是劳动、私有财产、(工人在他的产品和他的活动中的)外化,以及那些已经在人的劳动中被异化的人的'本质力量'的'通过人并且为了人的'恢复"[1]。第二种形式主要体现在《论犹太人问题》中,它的焦点是"马克思对资产阶级国家的批判,也就是他对于现代社会的个体成员分裂成自利的资产者和抽象的公民的批判"[2]。韦尔默的本意不在于"阐扬"马克思的人道主义思想,而是批判其"乌托邦视界"。但他有一点说对了,青年马克思人本主义思想有两种表现形式:其一是法哲学框架下的政治批判;其二是以哲学人类学为规范基础的政治经济学批判。

(一)政治批判视域下的人本主义思想

正如前文指出的,政治批判是青年马克思思想中的重要主题,其所处的主要时期是1843年夏至1844年2月,即《德法年鉴》时期(当然也包括克罗茨纳赫时期)。在《批判》等著作中,青年马克思正是在法哲学框架中,通过政治批判展现其人本主义思想。

1. 政治批判的起点

关于政治批判主题,前文已充分论述,这里,我们再概述些内容,以便把握青年马克思人本主义思想出场的基本语境。

青年马克思在与现实打交道的过程中,陷入了进退维谷的境地,这便是《莱茵报》时期的"物质利益难题"。其主要原因在于

---

[1] [德]韦尔默:《后形而上学现代性》,应奇、罗亚玲编译,上海译文出版社2007年版,第250—251页。
[2] 同上书,第251页。

他原封不动地继承了黑格尔法哲学。青年马克思政治批判的起点就是对黑格尔的法哲学和国家哲学展开激烈批判。这一任务主要围绕市民社会与国家之间的关系而展开的，这也构成《批判》的中心问题。马克思的批判要点主要是两个。一是批判黑格尔在市民社会与国家关系问题上的思辨唯心主义。黑格尔站在泛逻辑神秘主义立场上给抽象的实体、观念写传记，把人的活动看成观念的外化；用逻辑本身的事物代替事物本身的逻辑。总之，他在任何地方把观念当作主语，而把真正的现实的主语变成谓语。这种"主谓颠倒"同样体现在法哲学思想中。他把家庭和市民社会看作国家的"概念领域"。马克思批判了这种头足倒置的唯心主义，重新厘清了市民社会与国家之间的关系："家庭和市民社会都是国家的前提，它们才是真正活动着的；而在思辨的思维中这一切却是颠倒的。"[1] "政治国家没有家庭的自然基础和市民社会的人为基础就不可能存在。它们对国家来说是必要条件。"[2] 二是批判黑格尔解决市民社会与国家之间矛盾的方法。黑格尔在批判性分析古典经济学和启蒙政治思想基础上已然洞悉到现代世界的危机，其法哲学表达就是市民社会与国家的分裂。马克思不无赞誉地指出："黑格尔觉得市民社会和政治社会的分离是一种矛盾，这是他的著作中比较深刻的地方。"[3] 然而黑格尔的错误在于他试图借助以古代城邦为原型的"伦理国家"来扬弃抽象的、利己的需要体系，解决市民社会与政治国家的二元对立。黑格尔指出实现两者统一的媒介是官僚政治、等级和

---

[1] 《马克思恩格斯全集》第3卷，人民出版社2002年版，第10页。
[2] 同上书，第12页。
[3] 同上书，第94页。

国会。马克思的批判在于指出，这些媒介并非是普遍利益的真正代表，不过是特殊利益、私人等级和利己心的体现。比如，马克思就曾揭露出官僚政治的实质：市民社会的"国家形式主义"。官僚政治在其形式上是"粗陋的唯灵论"，在其内容上是"粗陋的唯物论"。可见，马克思批判黑格尔法哲学的一个结论便是："黑格尔想要依靠现在形式的国家来调解市民社会中物质利益的冲突，铲除由此产生的各种弊端，这不过是一种梦想。"[1]

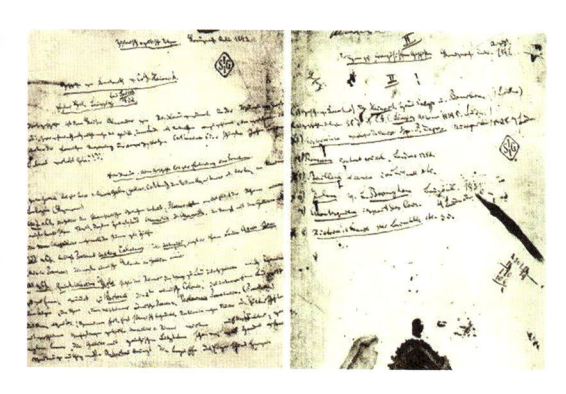

由此可见，马克思脱离了以往的理性主义和浪漫主义立场，在批判黑格尔法哲学和国家哲学过程中确定了政治批判的起点，为理解现代人的自我分化（当然仍囿于法哲学框架中）作了充分准备。

2. 人的自我分化的政治表达

由政治哲学视域观之，现代性的根本特征在于每个人都追求自己的私利，特殊性成

---

[1] [日]城塚登：《青年马克思的思想——社会主义思想的创立》，尚晶晶、李成鼎等译校，求实出版社1988年版，第54页。

《克罗茨纳赫笔记》是马克思于1843年在克罗茨纳赫对23本历史和政治类著作所做的摘录笔记，这本笔记中已经蕴含了马克思《黑格尔法哲学批判》等多部重要文献的萌芽。图为马克思《克罗伊茨纳赫笔记》中的两页↑

为市民社会的第一原则。霍布斯和洛克将现代性奠基在"特殊性"原则上,并认为现代社会的根本目标就是保护每个人自由平等地追求自己利益最大化。卢梭极力反对这一自由主义传统,认为人不仅要追求私利,还要追求崇高的理想、公共的善或"普遍性"。卢梭的重要性在于阻击了启蒙乐观主义信条的蔓延,第一次揭示出现代世界的悖论,并且昭示了现代人处于一种自我异化的二元论中。"我们时代的人的问题在于,现代的市民既不是古代城邦意义上的一个公民,也不是一个完整的人。他在人格上是两种东西,他一方面属于自己本身,另一方面属于'社会秩序'。"[1]现代人的自我分化——在卢梭那里——表现在"人道"(基督教的)和"爱国主义"(古代的)的非此即彼之中,表现在"人"和"公民"之间的矛盾。黑格尔进一步把卢梭的问题切入现代世界的现实之中,由此将现代性自我分裂、自我矛盾的基本建制揭示出来,这便是市民社会与国家之间的分裂。马克思继承了黑格尔这一思路,并将之回溯到人的自我分化的存在样式。"人不仅在思想中,在意识中,而且在现实中,在生活中,都过着双重的生活——天国的生活和尘世的生活。前一种是政治共同体中的生活,在这个共同体中,人把自己看作社会存在物;后一种是市民社会中的生活,在这个社会中,人作为私人进行活动,把他人看作工具,把自己也降为工具,并成为异己力量的玩物。"[2]人的自我分化的政治表达就是:市民社会与国家、私人与公民、特殊性与普遍性的内在冲突。在《批判》《论犹太人问

[1] [德]卡尔·洛维特:《从黑格尔到尼采:19世纪思维中的革命性决裂》,李秋零译,生活·读书·新知三联书店2006年版,第320页。
[2] 《马克思恩格斯全集》第3卷,人民出版社2002年版,第172—173页。

题》中，马克思提出了人的自我分化的社会—政治形式的概念，或者说，揭露了社会—政治形式中的人的自我分化。现代人的自我分化在于人们从普遍性的公共生活中脱离出来，即抽象化了，人的存在主要是一种私人的个体，处于一种"非真实"的存在境域中。

3. 政治批判的主要内容

马克思的政治批判的最重要理论特征就是脱离了古典自由主义以及启蒙主义传统，对以"政治解放"为核心的资产阶级自由主义主张展开彻底批判。

正如前文指出，所谓政治解放，简单来讲，就是国家从宗教的束缚中解放出来，成为"自由国家"。自由国家被资产阶级大力褒扬，被视为人的自由平等的载体，是人的普遍性之实现。"国家是以自己的方式废除了出身、等级、文化程度、职业的差别。"[1]政治国家成为现代人的"伦理共同体"。"完成了的政治国家，按其本质来说，是人的同自己物质生活相对立的类生活。"[2]马克思揭露了资产阶级政治国家的特殊性和虚假性。国家根本没有废除私有财产、出身、等级、文化程度、职业等实际差别，实际上是依靠它们发挥作用并表现出它们的特殊本质。"在国家中，即在人被看作是类存在物的地方，人是想像中的主权中虚构的成员；在这里，他被剥夺了自己现实的个人生活，却充满了非现实的普遍性。"[3]真实的情况是，政治国家的建立与市民社会私人的形成是同步的，"国家的唯心主义的完成同时就是市民社会的唯物主义的完成"[4]。资产阶级

---

[1] 《马克思恩格斯全集》第3卷，人民出版社2002年版，第172页。
[2] 同上。
[3] 同上书，第173页。
[4] 同上书，第187页。

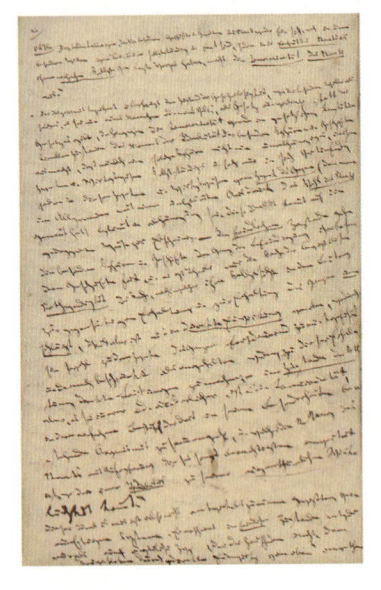

革命所建立的政治国家并没有从根本上变革市民社会，消灭人的分化生存；恰恰相反，"它把市民社会，也就是把需要、劳动、私人利益和私人权利等领域看作自己持续存在的基础，看作无须进一步论证的前提，从而看作自己的自然基础"[1]。可见，作为政治解放的重要成果的"自由国家"并不是人的"类生活"的实现，它并没有解决现代人的二重性存在问题："政治解放一方面把人归结为市民社会的成员，归结为利己的、独立的个体，另一方面把人归结为公民、归结为法人。"[2]

人权是政治解放的最重要的成果，也是资产阶级自由主义的核心价值。但是，马克思借助于（特别是黑格尔）法哲学框架说明，政治解放所承诺的自由、平等等资产阶级人权是抽象的、消极的和虚假的——是形式的而非实质的。现代社会的抽象二元性一方面表现为市民社会与国家的对立，另一方

《黑格尔法哲学批判》手稿↑

[1] 《马克思恩格斯全集》第3卷，人民出版社2002年版，第188页。
[2] 同上书，第189页。

面又表现为人的个体性存在与社会性存在之间的矛盾。马克思立足于这一二元论框架分析了资产阶级核心价值。马克思指出，资产阶级之人权无非是市民社会成员的"自然权利"，是"同其他人并同共同体分离开来的权利"[1]。并且，资产阶级的人权是建立在私有制基础上的。总而言之，马克思通过市民社会—国家的二元论，借助于政治批判，指出现代社会中的人不是真正意义上的人，是分裂的、自我分化的人。这方面的内容在"批判以'政治解放'为核心的资产阶级政治制度"部分已有详细论证，这里就不再赘述。

4. 政治批判的规范基础和价值承诺

政治批判的规范基础是以"类存在"或"类本质"为制高点的人本主义。青年马克思隐含的逻辑是：真正的人是普遍性的存在，"人是被规定着过普遍生活的"，这就是政治批判的规范基础或"先验概念"。现代人的异化之消除就表现为重建人的真正"类生活"或普遍性，表现为私利与公共善、特殊性与普遍性、人的社会存在与政治存在的内在整合与统一。

首先，马克思从人的二重性存在理解市民社会与国家之间的分裂。现代世界的根本特征是市民社会与政治社会的分化与矛盾，这也是法哲学处理现代性危机的一个基本思路。马克思从人的二重性存在来看待该问题，市民社会与国家的分裂表征的是现代人的自我分化，即人的利己的经验存在与"类存在"的分裂。

其次，市民社会之所以遭受批判就在于它导致了人的"类本质"的分化。市民社会是特殊性领域，利己主义和个人主义是它的基本原则。市民社会的统治使人丧失了自己的"类本质"、共同性

---

[1]《马克思恩格斯全集》第3卷，人民出版社2002年版，第182—183页。

和普遍性，沦为利己的孤立的个人。他们虽是现实的、感性的人，却不是"真正的人"。也就是说，现实的人不是"真正的人"。

最后，黑格尔的保守主义的"伦理国家"和资产阶级自由主义的"自由国家"都不过是人的"类本质"的抽象的、虚假的表现。"伦理国家"和"自由国家"都力图为人的"类存在"构建普遍性的共同体，但它们只不过是人的"类存在"或"类本质"的虚假实现：前者中的人不过是人的自我意识，后者中的人是抽象的公民，它们都与现实的个人相对立，也就是说"真正的人"不是现实的人。马克思认为，人的"类本质"的真正实现，不能脱离市民社会在其之上虚构抽象共同体，而是指出市民社会中的人的"类存在"之真正实现，只有依靠现实的人，依靠在市民社会内感性的活动的人来完成。马克思说道："只有当现实的个人把抽象的公民复归于自身，并且作为个人，在自己的经验生活、自己的个体劳动、自己的个体关系中间，成为类存在物的时候，只有当人认识到自身'固有的力量'是社会力量，并把这种力量组织起来因而不再把社会力量以政治力量的形式同自身分离的时候，只有到了那个时候，人的解放才能完成。"[1]

马克思的政治解放的批判蕴含着自己的价值承诺：人类解放。政治解放虽将人从宗教、宗法和传统的束缚中解放出来，但它只是把人变成抽象的利己者，其价值旨归是抽象的人道主义。而人类解放是彻底的人道主义，以人是人的最高本质为理论立足点；它是现实的人道主义，以哲学为头脑，以无产阶级为心脏。作为马克思政治批判的价值指向，人类解放意指的乃是"类本质"的复归，其核

---

[1]《马克思恩格斯全集》第 3 卷，人民出版社 2002 年版，第 189 页。

心是"真正的自由",所以马克思以"真正的民主制"构想为"类本质"的建制化。

(二)政治经济学批判视域下的人本主义思想

关于马克思人本主义思想的阐释,我们把视野从《批判》等著作转到《1844年经济学哲学手稿》中来。巴黎时代之前,马克思一直从法哲学角度分析现代世界并把握现代人的自我分化。立足于法哲学框架展开的政治批判,其最终成果乃是对市民社会的批判性分析。但尽管马克思不断揭露出市民社会、私有财产之弊端,但他对它们的批判仍然是政治批判,没有从根本上揭示出其本质性构成。这一任务是在《1844年经济学哲学手稿》中通过政治经济学批判完成的。

与《资本论》及其手稿的研究不同,青年马克思在《1844年经济学哲学手稿》中展开的政治经济学批判是在哲学人类学框架中完成的。马克思立足于"劳动"为政治经济学批判提供了一个坚实的规范基础。然而,我们对马克思的"劳动"概念存在着太多的误解,正如马尔库塞所指出的,诸多解释都是将劳动理解为经济的活动。他认为,劳动在马克思那里是一个本体论范畴,指的是人在世界中的此在的特定实践。劳动是"人在世界中的发生方式"[1]。"劳动的意义始终是,自己'努力获得'此在的存在,'保证'它的此在

---

[1] [美]马尔库塞:《现代文明与人的困境——马尔库塞文集》,李小兵等译,上海三联书店1989年版,第223页。

的持续和持久。"[1] 我们同样也认为，马克思完全从人的存在的本体论高度理解劳动。马克思把握了劳动概念的本体论性质，集中体现在下面三句话中：劳动是"人在外化范围内或者作为外化了的人的自为的生成"；劳动是人的"自我创造、自我对象化的运动"；劳动是"生命活动本身，生产活动本身"。概括来说，劳动是人的自由自觉的活动。以自由自觉的劳动为政治经济学批判的规范基础，实际上就是将人的"真正本质"视为批判市民社会、私有财产等的价值标准。

与自由自觉劳动相对的范畴是"异化劳动"。"异化劳动"的内涵集中体现在马克思的一句话中："劳动的现实化就是劳动的对象化。在国民经济学假定的状况中，劳动的这种现实化表现为工人的非现实化，对象化表现为对象的丧失和被对象奴役，占有表现为异化、外化。"[2] 马克思从四个方面进行了具体的阐述。一是人与劳动产品的"异化关系"。马克思通过人与上帝关系的类比，指出了工人与劳动产品的关系。劳动产品本应是人的生命表现，然而它却作为敌对的和相异的东西同人相对立。人所创造的对象世界成为"第二自然"与主体相对抗，并且日益成为统治主体的物化力量。二是劳动本身的"异化"。劳动作为一种人的活动恰恰变成外在的东西。人们在自己的劳动中不是肯定自己，而是否定自己，此种劳动使人们的肉体受折磨、精神遭摧残。与自我实现的哲学人类学上的劳动相对照，"异化劳动"不是人们的自愿劳动，而只是被迫的强制劳

---

[1] [美]马尔库塞：《现代文明与人的困境——马尔库塞文集》，李小兵等译，上海三联书店1989年版，第229页。
[2] 马克思：《1844年经济学哲学手稿》，人民出版社2000年版，第52页。

动,一种自我牺牲、自我折磨的劳动。三是人的"类本质"的"异化"。马克思认为真正的人是过普遍的"类生活"的存在物。"通过实践创造对象世界,改造无机界,人证明自己是有意识的类存在物。"[1]人通过"类活动"而获得自己的"类本质"。而"异化劳动"把人们的生命活动,自己的本质变成仅仅维持自己生存的手段。正是在维持生存的、以手段为定向的活动中,自由本性的生命活动不复存在,人的"类本质"荡然无存。四是"人与人的异化"。"人与人的异化"是人同自己劳动产品、自己生命活动、自己"类本质"相"异化"的直接结果。"在异化劳动的条件下,每个人都按照他自己作为工人所具有的那种尺度和关系来观察他人。"[2]总而言之,"异化劳动"表征着人的本质的"异化",所以以"异化劳动"为统治枢轴的市民社会、现代世界必将使现代人的本质遭受灾难,其自身的存在也必然受到一种人道主义式的谴责。可见,马克思的"异化""物化""非现实化"等概念是在哲学人类学根基上开创出的对现代性世界的人的批判。

(三)政治经济学批判的基本内容

马克思在《1844年经济学哲学手稿》中一项重要的任务就是揭示并批判私有财产的本质。马克思首先继承了国民经济学的理论成就,即触及私有财产的主体性本质。"私有财产的主体本质,作为自为地存在着活动、作为主体、作为个人的私有财产,就是劳

---

[1] 马克思:《1844年经济学哲学手稿》,人民出版社2000年版,第57页。
[2] 同上书,第59页。

动。"[1]私有财产不是外在的对象性存在,而是与人的活动相关联的社会产物。马克思不是停留于此,而是进一步指出这样的劳动是"异化劳动",或者说私有财产的真正本质不是一般的"劳动",而是"异化劳动"。马克思分析道,从"异化劳动""异化生命""异化的人"这些概念得出的是私有财产这一概念。具体来讲,私有财产一方面是"异化劳动"的产物,另一方面又是劳动借以外化、"异化"的手段,是这一外化的实现。通过私有财产与"异化劳动"的本质性关联,使我们更好地理解私有财产自身的矛盾:劳动与资本的对抗。它的人格化表现形式就是工人与资本家的对立。

"异化劳动"是私有财产的主体规定,也就意味着私有财产是人的本质的"异化"形式。"这种物质的、直接感性的私有财产,是异化了的人的生命的物质的、感性的表现。私有财产的运动——生产和消费——是迄今为止全部生产的运动的感性展现,就是说,是人的实现或人的现实。"[2]对于马克思而言,财产存在着两种形式:"异化"了的形式和真实的形式。前者指私有财产,后者指"真正的人的"财产。共产主义要消灭私有财产,就其根本而言,乃是"恢复财产的这种真正的人的形式"。当然,作为人的本质力量的"异化"了的形式,私有财产并不全然是否定的东西,它毕竟是人的本质的实现形式——尽管是以"异化"的方式进行的。它对"真正人的"和"社会的"财产仍然具有"普遍本质",它仍是人的生命力量的展示。因此,马克思对私有财产的批判不是抽象的抛弃,而是积极的扬弃,是对一切"异化"的积极扬弃,将其中的人的本

---

[1] 马克思:《1844年经济学哲学手稿》,人民出版社2000年版,第73页。
[2] 同上书,第82页。

质、人的生命以及人性的东西占为己有。"共产主义是私有财产即人的自我异化的积极的扬弃，因而是通过人并且为了人而对人的本质的真正占有；因此，它是人向自身、向社会的即合乎人性的人的复归，这种复归是完全的，自觉的和在以往发展的全部财富的范围内生成的。"[1] 马克思不仅对私有财产，而且对私有财产的物化成就，即现代工业也是持这样的批判态度。他认为，工业是已经生成的对象性存在，是一本"打开了的关于人的本质力量的书"，是感性地摆在我们面前的人的心理学。现代工业为人的解放、人全面占有自己的本质打下了坚实的物质基础。

马克思还把批判的矛头指向国民经济学。第一，国民经济学以"异化劳动"（私有财产）作为自己的理论前提，停留在"异化劳动的规律"的辩护上。国民经济学以劳动作为自己的原则，创立了劳动价值论，以经济学话语确定了现代性的主体性原则。也就是在此意义上，马克思给国民经济学一个十分荣耀的光环：启蒙国民经济学。那么，国民经济学以之作为前提的"劳动"到底是什么呢？是否像国民经济学家设想的那样，他们的劳动概念以及劳动价值论带来了"对人的承认"呢？答案显然是否定的。马克思揭露了国民经济学以之作为前提的劳动的"二律背反"。此种"二律背反"体现在理论与实践之间的断裂中。从理论上说，劳动的全部产品，本来就属于工人；而在实践中，工人得到的是产品中最小的、没有就不行的部分，即"为繁衍工人这个奴隶阶级所必要的那一部分"[2]。理论上，一切东西都可用劳动来购买，而资本无非是积累起来的劳

---

[1] 马克思：《1844年经济学哲学手稿》，人民出版社2000年版，第81页。
[2] 同上书，第12页。

动;但事实上,工人不但远不能购买一切东西,而且不得不出卖自己和自己的人性。无论是在产品的分配上,还是商品的购买上,都暴露出国民经济学自身无法解释的矛盾,并且它根源于劳动这个前提。因为国民经济学表面上所陷入的种种理论矛盾,真正说来乃是"劳动同自身的矛盾"。此种劳动带来的不是"对人的承认",而是使人不得不让渡自己的"人性";造就的不是社会人的普遍解放,而是维护、巩固"奴隶阶级"的生产和再生产。所以,马克思指出国民经济学中的"劳动"是"有害的""招致灾难的"劳动,也就是"异化劳动"。如此这般的劳动,实现着对人的彻底否定,由此马克思发出这样的感叹:"把人类的最大部分归结为抽象劳动,这在人类发展中具有什么意义?"[1] 正是这种"异化劳动"成为世界历史性的普遍力量,实现着对人的奴役和统治。国民经济学以"异化劳动"为前提,但它从未澄清自己的前提并划清界限。第二,国民经济学是非批判的实证主义,掩盖了资本主义社会中人的"异化"的事实。国民经济学家号称一切从"经济事实"出发,把资本主义社会的劳动、资本、私有财产、工业仅仅归结为经济学范畴,在实证科学范围内将其"异己性"归结为"客观规律"。马克思绝不满足于在经济学的劳动视域中分析所谓的"客观规律",他要从"经济事实"中揭示出人的本质及其历史,要从所谓的"异化劳动规律"中阐释出"人的现实"。马尔库塞以反问的方式表达了对此观点的拥护:"'异化'和'外化'就是象受生产、消费和流通过程中的供求规律或其他什么规律控制的地租或商品价格这样的'经济事

---

[1] 马克思:《1844 年经济学哲学手稿》,人民出版社 2000 年版,第 14 页。

实'吗?"[1]"人的现实"是:"劳动的这种现实化表现为工人的非现实化,对象化表现为对象的丧失和被对象奴役,占有表现为异化、外化。"[2] 现代人以一种颠倒的、"异化"了的方式生存着。按照美的规律构造的"类生活"颠倒为维持肉体生存需要的一种手段,即经济学的劳动统治着哲学意义上的劳动,两者相互颠倒。马克思指出:"异化劳动把自主活动、自由劳动贬低为手段,也就把人的类生活变成维持人的肉体生存的手段。"[3] 可见,马克思的哲学人类学理论要素为批判国民经济学的

---

1 上海社会科学院哲学研究所外国哲学研究室编:《法兰克福学派论著选辑》(上卷),商务印书馆1998年版,第298页。
2 马克思:《1844年经济学哲学手稿》,人民出版社2000年版,第52页。
3 同上书,第58页。

"国民经济学"思想源于英国经济学家和哲学家亚当·斯密《国富论》中关于国民财富的生产、分配以及增长发展的论述。图为亚当·斯密画像 文化传播/供图↑

"实证性"提供了人道主义的基础。

无论是政治批判，还是政治经济学批判都有一个"人的本质"框架。前者是人在共同体中所具有的普遍"类本质"，后者是人在生命活动中所展现的自由自觉的本性。青年马克思正是在这两个"人的本质"框架中揭示出现代人的异化，其人本主义思想的独特性也在此呈现出来。两种人本主义都是青年马克思人道主义思想不可或缺的组成部分。我们在以往的研究中，更多强调的是人本主义的第二种，有意或无意地忽视了第一种。其实，立足于政治批判的人本主义是以"异化劳动"为核心的人本主义思想得以形成和发展的前提和基础，并且它具有理论上的独特性，不能被第二种人本主义所涵盖。此外，青年马克思以政治批判为定向的人本主义思想使我们能更好地介入到现当代政治哲学和道德哲学的讨论当中去，且在此过程中彰显马克思主义人本主义的时代意义。因此，充分研读《批判》等著作，深入把握政治批判视域下的人本主义思想，对于我们全面准确地把握马克思主义人本主义思想的全貌具有重要的理论意义。

第五章 《黑格尔法哲学批判》的当代启示

改革开放以来,我国社会主义建设取得了举世瞩目的成就,其原因就在于中国共产党人坚持并创造性地运用了"市民社会决定国家""经济基础决定上层建筑"唯物史观这一根本原理。

一、市民社会理论的启示

(一) 以经济建设为中心

《批判》中最重要的一条原则就是"市民社会决定国家"。"市民社会决定国家"是唯物史观基本原理的初步表述,是"经济基础决定上层建筑"原则的第一次表达与论证。按照邓小平提出的"学马列要精"的精神,我们在新时代学习和运用《批判》,就是要抓住这一基本原则。马克思的"市民社会"或"经济基础"决定性作用的观点启示我们在社会主义现代化建设进程中要始终坚持"以经济建设为中心"。

改革开放以来,我国社会主义建设取得了举世瞩目的成就,其原因就在于中国共产党人坚持并创造性地运用了"市民社会决定国家""经济基础决定上层建筑"唯物史观这一根本原理。而新中国成立到改革开放之前,我国社会主义建设出现了严重的失误,根本原因在于我们党犯了"左"的错误,以阶级斗争为纲,忽视了生产力的发展,片面强调生产关系和上层建筑变革的重要性。邓小平以唯物史观基本原理为理论立足点,明确了社会主义的根本任务是解放和发展生产力,要以经济建设为中心,把集中力量发展社会生产力摆在首要地位,把"解放生产力和发展生产力"确立为社会

改革开放让深圳从一个偏居一隅的边陲小镇一步步发展成为一座国际化大都市。图为深圳市前海湾风景 中新图片／王东元↓

主义本质的重要内容。全党提出了社会主义初级阶段的基本路线。这条基本路线把大力发展生产力、推进经济建设作为全党和全国工作的中心,各项工作都要服从和服务于这一中心。以邓小平同志为主要代表的中国共产党人充分意识到,只有发展生产力,搞好经济建设,才能增强综合国力,改善人民生活,巩固和完善社会主义制度。江泽民多次强调,坚持以经济建设为中心是不可动摇的原则。2000年10月,江泽民指出:"改革开放以来,我们有一条十分重要的经验,就是不论发生什么事情,国际的也好,国内的也好,只要不发生大规模的外敌入侵,都始终扭住经济建设这个中心不放。"另外,能否

搞好经济建设、代表先进生产力发展要求是衡量党的先进性的重要标准之一。"市民社会决定国家"原则启示我们，党的执政基础的巩固、社会主义制度的完善要求我们党要始终代表先进的生产力发展方向，否则，党的执政基础和社会主义制度就会发生动摇。以胡锦涛同志为主要代表的中国共产党人提出了科学发展观重大战略思想。科学发展观的第一要义是发展，仍然是要以经济建设为中心，全面推进经济建设、政治建设、文化建设和社会建设，实现经济发展和社会全面进步。其中，经济建设是根本，它为政治建设、文化建设和社会建设等各个方面打下了坚实的物质基础。

21世纪以来，我国社会主义建设出现了一些新情况、新问题，总体上处于改革转型期和矛盾突发期。很多问题成为新的关注热点和难点。比如，政治体制改革问题、生态环境恶化问题、贫富分化问题等。有些人指出，在这种情况下，我们要调整基本路线，不宜提"以经济建设为中心"，而应当以其他任务（如社会建设、稳定、文化建设、政治改革）为中心。这种看法虽然看到了我国社会主义建设过程中的新问题、新情况，但它根本上违反了"市民社会决定国家""经济基础决定上层建筑"的基本原理，也不符合中国的实际。我们必须清醒认识到，我国仍处于并将长期处于社会主义初级阶段的基本国情没有变，我国是世界最大发展中国家的国际地位没有变。在任何情况下都要牢牢把握社会主义初级阶段这个最大国情，推进任何方面的改革发展都要牢牢立足社会主义初级阶段这个最大实际。因此，以经济建设为中心仍然是兴国之要，发展仍是解决我国所有问题的关键。只有推动经济持续健康发展，才能筑牢国家繁荣富强、人民幸福安康、社会和谐稳定的物质基础。必须坚持发展是硬道理的战略思想，决不能有丝毫动摇。在庆祝中国共产党

第五章 《黑格尔法哲学批判》的当代启示

成立 95 周年大会上，习近平总书记指出："党的基本路线是国家的生命线、人民的幸福线，我们要坚持把以经济建设为中心作为兴国之要、把四项基本原则作为立国之本、把改革开放作为强国之路，不能有丝毫动摇。"在这里，习近平总书记又重申了以经济建设为中心的重要性。《中共中央关于党的百年奋斗重大成就和历史经验的决议》也明确指出："改革开放以后，党扭住经济建设这个中心，领导人民埋头苦干，创造出经济快速发展奇迹，国家经济实力大幅跃升。"

正确学习并运用"市民社会决定国家"的基本原则，就是要求我们在社会主义建设过程中要始终以经济建设为中心。特别在当前阶段，坚持这一点显得尤为重要。

（二）推进市场经济体制改革

市民社会与国家的分离是现代社会发展的重大进步。马克思改造了黑格尔的唯心主义，从人类社会发展客观规律和历史进程出发，理解市民社会与国家的分离及其现实意义。传统社会是由国家权力主导的自上而下的等级社会，基本特征是人依附于共同体中，没有独立人格和行为自由；集权政府主导经济活动，人们的经济活动处于政治权力的控制之下，"市民社会"还没有从国家中脱离出来，成为独立的、自治的私人经济领域。资本主义的发展打破了市民社会与国家的一体化，市民社会成为独立领域，按照自身的经济规律和各利益主体的经济交往而运行。在开创和发展中国特色社会主义道路的进程中，我们学习"市民社会与国家分离"的思想，就是要在改革市场经济体制上实现政府与市场的"适度距离"，防止国家权力过多地干涉市场经济。

　　新中国成立以后，我国在对农业、手工业和资本主义工商业进行社会主义改造、在有计划地开展大规模经济建设过程中，基本上是照搬苏联模式，逐步建立全国统一的、高度集中的计划经济体制，实际上是将"市民社会"牢牢地掌握在国家和政府权力手中。这种经济体制能够迅速动员群众、组织社会资源集中力量办大事，在促进社会主义工业化和发展生产力方面起过积极作用。但它的弊端也是非常明显和严重的。党的十一届三中全会以后，我国实际上开始探索经济体制改革，逐步从计划经济向社会主义市场经济转变。市场经济体制实际上是将经济活动和经济组织从国家的"强权"中脱离出来，主要通过市场（而不是国家计划）来进行资源配置，通过培育独立的市场主体、利益主体来组织社会生产，通过利益主体之间的竞争进行经济交往。应该说，经过多年的探索，我国已经建立并逐步完善了社会主义市场经济体制；人们的市场经济意识逐步增强，能够依照客观经济规律办事；经济活力增强，发展潜力巨大。但不可否认的是，很长一段时期我们的经济建设、市场经济运行基本都是在国家权力主导下进行的。可以

建立和完善社会主义市场经济体制是中国进一步深化经济体制改革的一项重要内容。图为党的十六届三中全会通过的《中共中央关于完善社会主义市场经济体制若干问题的决定》海峰 / 供图 ↑

说，我国的社会主义市场经济体制是"国家权力"或"政府权力"主导下的市场经济体制。政府与市场没有"适度分离"，权力与资本形成了共谋。有些学者将其称为"权贵资本主义"或"权力市场经济"。我国社会主义市场经济发展并不是反对政府的作用，而是说要限制和制约政府行为和权力干涉，保持政府与市场的边界。如果这个"边界"过于模糊，权力过多地渗透到市场经济中，就会导致权力寻租、官员腐败、不平等竞争等严重问题。在这一过程中，不法商人通过权力干涉，获得了更多的经济利益，扰乱了公平竞争的市场秩序；蜕化变质的官员通过权力置换到了财富。

防止"权贵资本主义"，实现国家权力与市场的"适度距离"，可以从如下几个方面入手。

第一，政府职能转变。政府职能转变不到位是目前经济社会领

知识链接

权贵资本主义

权贵资本主义通常是指经常出现在政治上的任人唯亲，并渗透到商业世界，存在的利己关系的友谊和亲情的商人和政府官员影响到经济和社会。它破坏公共服务型的经济和政治理想，如果一个民主国家存在严重的裙带资本主义，那么其民主制度也只能沦为空架子。

域诸多矛盾、权力寻租的体制性根源。政府应从"全能型"转变为"服务型"。政府不应成为市场利益主体，不应成为资源配置的基础，而是公共产品和公共服务的提供者。政府要准确定位在经济领域的角色，推进行政体制改革，向企业、市场、社会放权，着力建设服务型政府。实现政府职能转变，关键在于要深化行政体制改革。深入推进政企分开、政资分开、政事分开、政社分开，建设职能科学、结构优化、廉洁高效、人民满意的服务型政府。深化行政审批制度改革，继续简政放权，推动政府职能向创造良好发展环境、提供优质公共服务、维护市场经济的公平正义转变。稳步推进大部门制改革，健全部门职责体系。创新行政管理方式，提高政府公信力和执行力。严格控制机构编制，减少领导职数，降低行政成本。推进事业单位分类改革。完善体制改革协调机制，统筹规划和协调重大改革。

第二，建立健全权力运行制约和监督体系。我们一方面不走封闭僵化的计划经济老路，另一方面也不能采取西方的自由放任的经济政策，而应在厘清政府、社会、市场关系基础上，发挥政府的调控作用。但必须对公共权力进行监督和限制。通过民主、法治等手段，特别是制度体系来监督和制约公共权力的运用，最大限度地防止权力寻租、权钱交易。要建立健全权力运行制约和监督体系。坚持用制度管权管事管人，保障人民知情权、参与权、表达权、监督权，是权力正确运行的重要保证。要确保决策权、执行权、监督权既相互制约又相互协调，确保国家机关按照法定权限和程序行使权力。坚持科学决策、民主决策、依法决策，健全决策机制和程序，建立决策问责和纠错制度。凡是涉及群众切身利益的决策都要充分听取群众意见，凡是损害群众利益的做法都要坚决防止和纠正。推进权力运行公开化、规范化，完善党务公开、政务公开、司法公开和各领域办事公开制度，健全质询、问责、经济责任审计、引咎辞职、罢免等制度，加强党内监督、民主监督、法律监督、舆论监督，让人民监督权力，让权力在阳光下运行。

第三，积极培育社会组织，形成"小政府、大社会"的社会治理模式。采取多种措施培育具有自主和独立意识的市场利益主体，催生具有自治功能的社会组织。

（三）加强社会组织建设

马克思主义市民社会理论，特别是市民社会与国家分离或相互分化的思想对当前我们的重要启示，尤其体现在处理好国家与社会、政府与市场之间的关系上。前面我们提出了要通过经济体制改革和政府职能转变来实现国家与社会、政府与市场的"适度距离"，接下来，我们主要着眼社会组织，谈谈如何培育中国的市民社会，从而发挥国家与社会之间的良好互动。

其实，在黑格尔那里就有社会组织的相关理论。不过，他使用的是同业公会或地方自治体等概念。同业公会是市民社会内部的重要构成部分。它维护的是共同的特殊利益，代表的是特殊利益中的共同利益，其介于私人利益与国家普遍利益之间。同业公会一方面协调市民社会各成员之间的利益传统、纠纷，另一方面也是市民社会与国家之间沟通的中介，从而能够实现市民社会与国家之间良好互动。当然，在黑格尔那里，更重要的是市民社会通过同业公会实现向国家的过渡，即各种私人利益通过同业公会逐步统一到国家的整体利益之中。马克思在剔除黑格尔唯心主义因素后，实际上继承了黑格尔有关"同业公会"等相关思想。

改革开放之后，随着社会主义市场经济的形成与发展，我国的社会组织不断发展起来，它大致可分为三个阶段：第一阶段是我国社会组织的恢复和发展时期，大致从1978年到1988年。很多曾被中断的社会组织和人民团体逐步恢复和发展起来，这个阶段的特点是政府直接对社会组织进行管理。政府直接领导甚至管理社会组织，社会组织的机构设置、人员配备、活动方式、管理手段套用行政办法，有的套用行政级别，分别为部、局、处、科级社团，还配备相应级别的管理干部。第二阶段是我国社会组织探索发展的时期，大致从1988年到1998年。我国社会组织发展进入逐步规范时期，其特点是从制度和法律上规范社会组织。党的十三大指出，必须抓紧制定新闻出版、结社、集会、游行等法律，建立人民申诉制度，使宪法规定的公民权利和自由得到保障，同时依法制止滥用权利和自由的行为。党的十三大后，中央正式将结社立法的建议委托给民政部。为了规范社会组织管理，民政部成立了"结社法起草小组"，开始调查了解社会组织的情况，同时，征求有关部门和各类社会组织对结社立法的意见和要求，起草了《中华人民共和国结社法》。1988年国务院进行机构改革，进一步明确将社会组织管理的职能交给民政部并批准设立社团管理机构，专门对社团管理提供指导。1989年10月经国务院正式批准，颁布了《社会团体登记管理条例》。从此，确立了社会组织由社团业务主管部门审批，在民政部登记后，由业务主管部门对社会组织进行业务指导和日常管理的"双重管理体制"。第三阶段是我国社会组织规范发展时期，大致从1998年至今。特别是党的十六大以来，围绕科学发展与和谐社会的建设，党中央对新时期加强社会组织管理与建设作出了深刻理论阐释。党的十六届三中全会立足完善社会主义市场经济体制，提出了要"按照市场化原则规范和发展各类行业协会、商会等自律性组织"。党的十六届四中全会从加强党的执政能力建设出发，要求"发挥社团、行业组织和社会中介组织提供服务、反映诉求、规范行为的作用，形成社会管理和社会服务的合力"。党的十六届五中全会围绕国家"十一五"规划纲要，提出要"规范引导民间组织有序发展"，"完善民间组织自律机制，加强和改进对民间组织的监管"。党的十六届六中全会从构建社会主义和谐社会的高度，提出"健全社会组织，增强服务社会功能。坚持培育发展和管理监督并重，完善培育扶持和依法管理社会组织的政策"，发挥各类社会组织在经济社会全面发展中的积极作用，"引导各类社会组织加强自身建设，提高自律性和诚信度"。党的十七大报告第一次明确提出"重视社会组织建设和管理"要求，指出要发挥社会组织在扩大群众参与、反映群众诉求方面的积极作用，增强社会自治功能。这表明，党和政府对社会组织从最初的管理与监督，开始转变为支持和引导。

尽管随着我国社会主义市场经济的发展，党和国家对社会组织和社会建设的重视不断加强，但我国的社会组织建设还比较薄弱，还无法为发展成熟、独立的市民社会提供切实的条件。新时期，影响我国社会组织、社会建设乃至市民社会培育的因素主要有以下两点。

第一，对社会组织的认识出现偏差。对社会组织存在两种普遍的错误观点。一种观点认为，社会组织在我国的社会政治生活中无足轻重，起不了什么作用，对我国的经济发展也没什么影响。这实际上还是计划经济体制下的思维方式。这种思维方式将"国家"定位为"全能管家",既能发展好经济,又能搞好政治建设,还能直接管理人民的生活。国家能总揽一切,管理好一切,所以没必要培育和发展社会组织。还有一种观点,对社会组织持害怕敌视的态度。一些人总认为社会组织发展强大起来,会影响到党的执政,会影响政府的控制力;社会组织会跟党和政府唱反调、对着干。特别是一些党员干部总是对社会组织和市民社会建设持敌视态度,认为社会组织是西方的"舶来品",充满了资产阶级政治色彩,对中国特色社会主义民主政治建设,特别是对加强中国共产党的执政基础构成了威胁。他们总是把社会组织或民间组织一概看成抵制或对抗政府的异己力量。

第二,社会组织管理制度不健全。这主要体现在社会组织制度方面的"制度不足"与"制度重叠"。"制度不足"指的是现行的社会组织法规或制度缺乏针对性、操作性和前瞻性,已经很难适应飞速发展的市民社会和市场经济。比如,缺乏针对行业协会、专业性社团、学术性社团和联合性社团以及志愿者工作的分门别类的管理法规。"制度重叠"是指关于社会组织的许多规定大量交叉、烦琐、滞后和多变。对许多社会组织的管理,不仅有国务院的条例,还有民政部的细则,不仅有省级政府的细则和规定,还有地市级政府,甚至还有县级政府的"意见"。制度上的不健全,一方面无法监管社会组织,另一方面也无法积极培育独立的社会组织。

在新时代,加强我国社会组织建设,根本上是加强制度建设。但推动社会组织制度建设的前提是,我们要正确认识社会组织,充分意识到社会组织建设的重要性和必要性。下面,我们主要谈谈社会组织建设在我国社会主义现代化建设过程中的重要意义。

第一,社会组织是社会自治的载体,社会组织建设推进社会自

民政部为加强对社会组织的监督管理，优化社会组织网上办事服务，开通了中国社会组织政务服务平台。图为中国社会组织政务服务平台页面↑

治。马克思十分强调社会自治，他认为推翻资产阶级的官僚管理制度之后，取而代之的是人民群众的自我管理，也就是社会自治。社会自治或人民群众的自我管理是社会主义民主政治的重要组成部分，也是社会主义政治优于资本主义民主政治的重要方面。人民群众的自我管理不是无组织的，而是有组织地实现的。社会组织的主要功能是：一是提供了社会自治的组织载体。社会自治的组织载体，不应是政府组织，而应该是人民群众直接参与的民间组织。所以说，没有健全的自治组织，就不可能有真正的社会自治。二是提高了社会自治的公共服务的质量。改革开放之前，公共服务都是由政府承担的，政府是公共服务唯一的提供者和承担者。而马克思主义市民社会理论告诉我们，市民社会存在着社会自治组织，它们也是提供和承担公共服务的主体。我们的政府要从全能型政府向有限型政府转型，把那些没必要由政府承担、并且社会民间组织完全可以承担的公共服务转让出去。也就是说，将更多的事务特别是某些公共服务职能交由社会民间组织去管理，充分发挥社会民间组织的社会自治功能。并且，还可以引入市场竞争机制，选择最好的自治组织来承担相应的公共服务，从而有效降低公共服务的成本，提高公共服务的质量。

第二，社会组织是政府改革的外部动力。推动政府改革创新、体制转型的动力有政府内部的，也有外部的。外部的动力有公民个人的，也有社会组织的。其中社会组织的动力更为强大。社会组织推动政府改革体现在两个方面：一是影响政府决策。许多社会组织，尤其是那些专业性学术研究团体，具有丰富的专业知识，他们为政府决策提供咨询和参谋，承担起政府智囊的角色，促进了政府决策的科学化。社会组织代表民间意见和群众利益，通过发出自己的声音来影响政府决策，使政府决策体现民意。作为独立的第三方，社会组织要求政府决策进一步公开和透明，推动了政府决策的民主化。二是制约和监督政府公共权力。制约和监督国家权力是现代市民社会的基本特征，也是现代民主政治的基本要求。市民社会成员即公民都有监督政府公共权力的权利。但是与强大政府权力相比，单个的个体是比较薄弱的，无法与政府权力形成有效的抗衡力量，这就需要将分散的个体结合成有机的整体，即社会组织，才有可能抵制来自政府的强权。社会组织将来自民间的单个力量汇聚起来，形成一种群体性力量，以一种团体的诉求，对政治权力进行约束和制衡。

第三，社会组织是市民社会与政府实现良性互动的中介和桥梁。社会组织能在国家与社会之间架起一条桥梁，起着一种纽带作用。一方面，社会组织是民间自治组织，是人民群众的自我管理的组织，能够充分反映人民群众的利益诉求、政治主张和民生方面的意见。政府通过社会组织能够很好地倾听人民呼声，了解人民实情。另一方面，政府的政策和制度在制定和实施过程中，可以通过社会组织广泛听取人民群众的意见，获得反馈。

二、人民主权和民主法治思想的启示

《批判》蕴含着丰富的自由民主法治，特别是人民主权思想。它们是我们推进中国特色社会主义政治建设的重要思想资源。《批判》的当代意义的一个重要方面就是：马克思自由民主法治思想为推进中国特色社会主义政治改革、促进政治民主化确立了基本的价值理念。

首先，消除人治、专制等落后思想，树立自由、平等、民主、法治等现代政治价值理念。

普鲁士国家是一个专制传统深厚的国家。黑格尔站在保守主义立场上，通过君主主权理论为普鲁士专制统治辩护。马克思在《批判》中继承了卢梭等资产阶级学者的自由民主等现代政治思想和价值理念，批判了君主专制、人治等落后的腐朽的思想，强调了自由民主等现代价值理念的意义。

我国的社会主义脱胎于半殖民半封建社会，几千年的专制遗留仍然对社会主义民主政治建设产生消极影响，现实生活中的家长制作风、官僚主义、特权思想等仍有一定的市场。这些腐朽落后的东西毒害社会风气，腐蚀人们的心灵，阻碍了政治民主化进程。政治民主化的主体之一是公民，而公民的文化素质、思想意识和政治价值观念在民主政治中具有基础性作用。而当前，许多公民人治、特权思想根深蒂固，民主法治意识淡薄严重阻碍了政治民主化进程，影响中国特色社会主义政治发展道路。所以，提高公民的思想文化素质，塑造现代政治价值理念是发展民主政治的重要任务。当然，并不仅仅对公民进行政治民主、法治观念的教育，在当前，更为重要、更为迫切的是，树立领导干部的民主法治意识。很多领导干部受传统专制思想禁锢，家长制作风、官僚主义作风严重，在实际工作过程中，只讲"集中"不讲"民主"；只讲个人权威，不讲法治和制度；只讲下级服从上级，不讲下级监督上级等。我们应当用马克思主义的民主法治思想以及其他正确的政治文明成果来武装领导干部的头脑，用民主价值理念指导他们的工作，改善工作作风，提升民主决策的程度，切实推进政治民主化进程。

其次，马克思主义的人民主权理论要求我们党要始终坚持和落实"以人为本、执政为民"。

我们的党是马克思主义政党，我们的国家制度是社会主义制度。马克思的人民主权或主权在民的原则在我国宪法里得到确认。我国宪法第二条开宗明义地表明我国国家权力的来源和归属，即"中华人民共和国的一切权力属于人民"。人民主权或主权在民的原则决定了我们党执政的正当性和合法性只能是"立党为公、执政为民"。我们党要以全心全意为人民服务为根本宗旨，在不断深化改革、扩大开放、带领全体人民实现共同富裕的进程中，要始终将实现好、维护好、发展好最广大人民群众根本利益为基本要求，始终保持同人民群众的血肉联系，将群众答不答应、高不高兴、满不满意作为一切工作的出发点和落脚点。党员和领导干部要在实际工作中坚持以人民为中心的发展思想，坚持发展为了人民、发展依靠人民、发展成果由人民共享。

我们应当把马克思主义的人民主权原则融入党的执政能力建设中。党的执政能力建设必须围绕"人民"这一原点展开，这是由马克思主义人民主权原则所决定的，也是马克思主义人民主权原则在中国共产党身上的具体体现。在执政能力建设的理念方面，必须把人民作为执政的出发点。中国共产党作为执政党没有自己的特殊利益，而是始终把人民放在至高无上的地位；在执政能力建设的评价上，把能否顺应人民群众对美好生活的新期待，维护好人民群众利益作为衡量执政能力高低的标准；在执政能力建设的方式上，要依靠人民执政，支持和保证人民当家作主，以党内民主带动人民民主。

提高党的建设科学化水平的一个重要要求就是要坚持以人为本、执政为民，始终保持党同人民群众的血肉联系。全心全意为人民服务是党的根本宗旨，以人为本、执政为民是检验党一切执政活动的最高标准。任何时候都要把人民利益放在第一位，始终与人民心连心、同呼吸、共命运，始终依靠人民推动历史前进。要着力解决人民群众反映强烈的突出问题，提高做好新形势下群众工作的能力。完善党员干部直接联系群众制度。坚持问政于民、问需于民、问计于民，从人民伟大实践中汲取智慧和力量。支持工会、共青团、妇联等群团组织充分发挥桥梁纽带作用，更好反映群众呼声，维护群众合法权益。

最后，坚持马克思主义的人民应积极普遍参与立法的价值理念，完善人民代表大会制度，从制度上保障人民当家作主。

马克思在《批判》中提出人民主权思想，认为人民是立法的真正主体；人民应积极普遍地参与立法活动，参与政治生活，行使自己的权利。我们应当以马克思的人民立法主体、普遍参与立法、普遍参与政治生活等价值理念为政治文明建设的方向，走中国特色社会主义政治发展道路。中国特色社会主义政治发展道路关键在于党的领导、人民当家作主和依法治国三者的有机统一。而人民当家作主是中国特色社会主义政治建设的重要组成部分。贯彻马克思主义人民主权思想，实现人民当家作主地位的制度保障，就是坚持、完善和发展人民代表大会制度。

人民代表大会制度是我国人民民主专政

党的十八大以来，以习近平同志为核心的党中央提出以人民为中心的发展思想，坚持一切为了人民、一切依靠人民，始终把人民放在心中最高位置、把人民对美好生活的向往作为奋斗目标，推动改革发展成果更多更公平惠及全体人民，推动共同富裕取得更为明显的实质性进展，把 14 亿多中国人民凝聚成推动中华民族伟大复兴的磅礴力量。图为 2021 年 6 月 21 日拍摄的北京长安街"人民至上"主题花坛，寓意中国共产党"以人民为中心"的初心和使命　中新图片 / 杜建坡↑

第五章　《黑格尔法哲学批判》的当代启示　**207**

的政权组织形式，是我国的根本政治制度。中华人民共和国的一切权力属于人民。人民行使国家权力的机关是全国人民代表大会和地方各级人民代表大会。人民代表大会制度是适合我国国情的根本政治制度，它直接体现了我国人民民主专政的国家性质，符合人民当家作主的宗旨，确保国家权力掌握在人民手中。所以，我们要旗帜鲜明地反对西方"三权分立"的资产阶级政治制度，坚持人民代表大会制度。要把制度建设摆在突出位置，充分发挥我国社会主义政治制度优越性，积极借鉴人类政治文明有益成果，绝不照搬西方政治制度模式。

党的十八大以来，以习近平同志为核心的党中央，统筹中华民族伟大复兴战略全局和世界百年未有之大变局，从坚持和完善党的领导、巩固中国特色社会主义制度的战略全局出发，继续推进人民代表大会制度理论和实践创新，提出一系列新理念新思想新要求，形成习近平法治思想、习近平总书记关于坚持和完善人民代表大会制度的重要思想，成为习近平新时代中国特色社会主义思想的重要组成部分，推动人大工作取得历史性成就，推动人民代表大会制度和人民民主不断发展进步。

人民代表大会制度具有显著优势，并不意味着它已经完美无缺了，而是需要适应时代发展和人民要求不断完善、不断健全。我们要把坚定制度自信和不断改革创新统一起来，坚守根本、增强优势，使人民代表大会制度更加完善成熟，发挥出更强大的治理效能，为满足人民日益增长的美好生活需要提供制度保障，为应对风险挑战提供强大制度支撑。

人民代表大会制度的实践创新方面，要进一步完善社会主义民主政治的体制、机制、程序、规范，更好保障人民民主权利、发挥人民创造精神。推进体制机制改革,用制度支持和保证人民通过人民代表大会行使国家权力,支持和保证人大及其常委会依法行使职权;完善人民代表大会制度的组织体系、工作机制、议事规则,完善论证、评估、评议、听证制度;健全适合国家权力机关特点、更好体现民主集中制原则、充满活力的组织制度和运行机制;加强和改进立改废释纂各项工作,改进人大选举制度和监督制度,加强同人大代表和人民群众的联系,增强代表性和参与度;加强地方人大及其常委会建设等。

人民代表大会制度的理论深化方面,要进一步总结国家制度建设和人大工作的好经验、好做法,构筑与国家根本政治制度相匹配的学术体系、理论体系、话语体系,为坚定制度自信提供理论支撑。要深入学习贯彻习近平总书记关于坚持和完善人民代表大会制度的重要思想,深刻把握新时代加强和改进人大工作的指导思想、重大原则和主要工作。要加强对人民代表大会制度的宣传,把人民代表大会制度建设和人大工作的进展和成效真实展现在人民面前,用鲜活生动的事实、通俗易懂的语言讲述制度故事、展现制度优势,让国家根本政治制度深入人心。

2021年10月13日,习近平总书记在中央人大工作会议上的讲话中明确提出新时代加强和改进人大工作的指导思想、重大原则和主要工作,深刻回答新时代发展中国特色社会主义民主政治、坚持和完善人民代表大会制度的一系列重大理论和实践问题,强调"要毫不动摇坚持、与时俱进完善人民代表大会制度,加强和改进新时代人大工作",并提出了具体要求。我们要始终坚持中国特色社会主义政治发展道路这一根本方向,发挥好人民代表大会制度作为实现我国全过程人民民主的重要制度载体作用。在新时代,坚持好、完善好、发展好人民代表大会制度，人大继续通过依法行使职权、开展工作，不断实现和保证人民当家作主，不断实现和发展全过程人民民主。

结语

《黑格尔法哲学批判》是马克思真正进入政治和国家研究领域的第一部著作。黑格尔法哲学和国家哲学是马克思研究国家学说的"中介",马克思通过对黑格尔思辨国家理论的批判性分析,为开创自己的政治哲学和国家学说奠定了基础。马克思批判了黑格尔在国家问题上的思辨唯心主义实质,正确厘清了市民社会与国家之间的关系。针对黑格尔"君权神授"的国家主权理论,马克思提出了"人民主权"概念,指出了"民主共和国"是现代国家的基本形式,现代民主是现代国家制度得以建构的基本原则。黑格尔将官僚政治视为"理性精神"和"普遍利益"的体现,马克思揭露了官僚政治的谎言,对官僚制持批判态度,并且开创了以特殊利益(尔后发展为阶级利益)研究官僚制度的先河。马克思正确阐述了私有财产和国家制度与立法权之间的关系,批判了黑格尔的狭隘立法权的观点,表达出普遍立法权、普遍参与制等现代民主政治思想。以上诸多思想观点并没有随着时代变迁而过时,恰恰相反,在当代中国民主进程中,它们越来越彰显出独特价值。此外,《黑格尔法哲学批判》是马克思青年时期的一部重要著作,马克思在这部著作中逐步脱离黑格尔主义的唯心史观,开始了新世界观和新哲学的探索;马克思展开对自由主义的政治批判,政治立场开始发生根本性转变。可见,《黑格尔法哲学批判》是我们了解和把握马克思思想发展进程、唯物史观创立史的重要文献。总而言之,我们在今天阅读这本经典著作是十分必要的。